Wie wäre die Wahl zur Nationalversammlung 1919 unter Beibehaltung des absoluten Mehrheitswahlrechts ausgefallen?

Wie wäre die Wahl zur Nationalversammlung 1919 unter Beibehaltung des absoluten Mehrheitswahlrechts ausgefallen?

–

Eine statistische Studie

Andreas Schulz

Bibliografische Information der Deutschen Nationalbibliothek: Die Deutsche Nationalbibliothek verzeichnet diese Publikation in der Deutschen Nationalbibliografie; detaillierte bibliografische Daten sind im Internet über http://dnb.dnb.de abrufbar.

Herstellung und Verlag: BoD – Books on Demand, Norderstedt

ISBN: 978-3-7526-6187-3

Inhaltsverzeichnis

Einleitung..8

Die Ergebnisse in den Wahlkreisen...13

Wahlkreis 1: Provinz Ostpreußen..13

Wahlkreis 2: Provinz Westpreußen...14

Wahlkreis 3: Berlin...17

Wahlkreis 4 und 5: Regierungsbezirk Potsdam...17

Wahlkreis 6: Regierungsbezirk Frankfurt/Oder..19

Wahlkreis 7: Provinz Pommern..19

Wahlkreis 8: Provinz Posen..21

Wahlkreis 9: Regierungsbezirk Breslau...22

Wahlkreis 10: Regierungsbezirk Oppeln...24

Wahlkreis 11: Regierungsbezirk Liegnitz..25

Wahlkreis 12: Anhalt sowie der Regierungsbezirk Magdeburg......................................26

Wahlkreis 13: Regierungsbezirk Merseburg..27

Wahlkreis 14: Provinz Schleswig-Holstein..28

Wahlkreis 15: Oldenburg sowie die Regierungsbezirke Aurich und Osnabrück............29

Wahlkreis 16: Braunschweig sowie die Regierungsbezirke Hannover, Hildesheim und Lüneburg. .31

Wahlkreis 17: Lippe, Schaumburg-Lippe sowie die Regierungsbezirke Minden und Münster........32

Wahlkreis 18: Regierungsbezirk Arnsberg...33

Wahlkreis 19: Waldeck und die Provinz Hessen-Nassau...35

Wahlkreis 20: Regierungsbezirke Köln und Aachen..38

Wahlkreis 21: Fürstentum Birkenfeld sowie die Regierungsbezirke Koblenz und Trier...................38

Wahlkreis 22 und 23: Regierungsbezirk Düsseldorf..40

Wahlkreis 24: Oberbayern und Schwaben..42

Wahlkreis 25: Niederbayern und Oberpfalz..45

Wahlkreis 26: Unter-, Mittel- und Oberfranken...46

Wahlkreis 27: Pfalz...48

Wahlkreis 28: Dresden-Bautzen...49

Wahlkreis 29: Leipzig..50

Wahlkreis 30: Chemnitz-Zwickau...51

Wahlkreis 31/32: Württemberg sowie der Regierungsbezirk Sigmaringen........................52

Wahlkreis 33: Baden...53

Wahlkreis 34: Hessen-Darmstadt...55

Wahlkreis 35: Mecklenburg-Schwerin, Mecklenburg-Strelitz und Lübeck........................57

Wahlkreis 36: Thüringen..57

Wahlkreis 37: Hamburg, Bremen sowie der Regierungsbezirk Stade..............................59

Fazit...62

Anhang..65

Literaturverzeichnis...93

Einleitung

Ich erlaube mir, die vorliegende Studie in einem Book-on-Demand-Verlag erscheinen zu lassen, da sie recht eigentlich keinen wissenschaftlichen Mehrwert erbringt. Gleichwohl behandelt sie eine sehr interessante Frage: Wie wären die Wahlen zur Nationalversammlung in Deutschland 1919 ausgefallen, wäre das im Vorfeld der Oktoberreformen eingeführte, noch weitgehend der im Kaiserreich benutzten absoluten Mehrheitswahl verhaftete Verfahren angewandt worden und nicht die völlige Durchsetzung der Verhältniswahl erfolgt? Hätte es in diesem Fall für eine Alleinregierung der SPD als mit Abstand stärkster Partei gereicht? Oder hätten sich ganz andere Optionen ergeben?

Der Reichstag des Norddeutschen Bundes respektive des Deutschen Reiches wurde in Ein-Mann-Wahlkreisen nach absolutem Mehrheitswahlrecht gewählt, das heißt, das Wahlgebiet wurde in mehrere Wahlkreise eingeteilt, von denen jeder einen Abgeordneten entsandte. Anders als in Großbritannien, aber ähnlich wie noch heute in Frankreich galt ein Kandidat erst dann als gewählt, wenn er die absolute Mehrheit der im Wahlkreis abgegebenen Stimmen erhalten hatte. Gelang dies keinem Bewerber, fand wenige Tage später eine Stichwahl zwischen den beiden erfolgreichsten Kandidaten statt. In zahlreichen Wahlkreisen kam es daher immer wieder zu zwei Urnengängen pro Wahl, von denen ich hier den ersten, obgleich etwas unsauber, als Haupt- und den zweiten als Stichwahl bezeichne. Daneben bestanden Ergänzungswahlen. Sie verliefen nach demselben Schema und wurden vorgenommen, wenn ein Abgeordneter beispielsweise durch Tod, Mandatsniederlegung oder -aberkennung aus dem Reichstag ausschied. Letzteres konnte vorkommen, wenn die Reichstagsmehrheit eine Wahl wegen Unregelmäßigkeiten für ungültig erklärte.

In den ersten sieben Jahren nahm die Zahl der Reichstagsabgeordneten durch die stetige Erweiterung des Staatsterritoriums von 297 auf 397 Personen zu. Danach wurden jedoch kaum noch Veränderungen vorgenommen und somit die Wahlkreise nicht an die sich wandelnden Einwohnerverhältnisse angepasst.[1] In Berlin führte das beispielsweise dazu, dass 1867 sechs Wahlkreise eingerichtet worden waren. Bereits 1874 umfassten diese zwischen 15701 (Berlin 1) und 29647 Wahlberechtigte (Berlin 4),[2] war der größte also fast doppelt so groß wie der kleinste. Bis 1912 war dieses Missverhältnis auf 13407 Wahlberechtigte in Berlin 1 gegen 219782 in Berlin 6 angewachsen[3] – im größten Berliner Wahlkreis lebten damit mehr als sechzehnmal so viele Wahlberechtigte wie im kleinsten. Den Rekord trug allerdings der im Regierungsbezirk Potsdam gelegene Wahlkreis Teltow-Beeskow-Storkow-Charlottenburg. Hier konnten 1912 nicht weniger als 339256 Personen einen Abgeordneten bestimmen. Zur selben Zeit standen in Baden 478765 Wahlberechtigten 14 Vertreter im Reichstag zu, ebenso in Pommern, das mit 377846 kaum mehr Wahlberechtigte zählte als Teltow-Beeskow-Storkow-Charlottenburg allein.

Erst im Sommer des Jahres 1918 wurden Maßnahmen ergriffen, um diesen Missverhältnissen Abhilfe zu schaffen. In einer Wahlsystemreform wurden mehrere Wahlkreise in Mehrpersonenwahlkreise umgewandelt,[4] dazu in einigen Fällen bestehende Wahlkreise wie die Berlins und Hamburgs zu jeweils einem Mehrpersonenwahlkreis zusammengelegt. Teilweise wurden, wie bei Dresden, hierfür Wahlkreise neu zugeschnitten und an seit 1867 erfolgte Eingemeindungen angepasst. Insgesamt stieg die Zahl der Abgeordneten so auf 441, wobei ein Automatismus dazu führte, dass auch die von dieser Wahlsystemreform nicht betroffenen Wahlkreise durch Bevölkerungswachstum

---

1 Vgl. zu den Wahlrechtsmodalitäten und dem Problem der Nichtanpassung der Wahlkreise NIPPERDEY, Thomas: Deutsche Geschichte 1866-1918, Bd. 2: Machtstaat vor der Demokratie, München 2013, S. 42, 497-500.

2 Vgl. PHILLIPS, Arthur: Die Reichstags-Wahlen von 1867 bis 1883 – Statistik der Wahlen zum Konstituierenden und Norddeutschen Reichstage, zum Zollparlament, sowie zu den fünf ersten Legislaturperioden des Deutschen Reichstages, Berlin 1883, S. 15-18.

3 Für die Wahlergebnisse der Reichstagswahlen seit 1890 benutze ich stets REIBEL, Carl-Wilhelm: Handbuch der Reichstagswahlen 1890-1918 – Bündnisse, Ergebnisse, Kandidaten (= Handbücher zur Geschichte des Parlamentarismus und der politischen Parteien, Bd. 15), 2 Hbbd., Düsseldorf 2007.

4 Siehe das „Gesetz über die Zusammensetzung des Reichstags und die Verhältniswahl in großen Reichstagswahlkreisen" unter „A. Reichstagswahlgesetz vom 24. August 1918" im Anhang.

in die Riege der Mehrpersonenwahlkreise aufsteigen konnten.

Während bei den Ein-Mann-Wahlkreisen auch weiterhin das absolute Mehrheitswahlrecht Anwendung finden sollte, waren die Abgeordneten der Mehrpersonenwahlkreise per Verhältniswahl und Höchstzahlverfahren zu bestimmen, wobei verschiedene Parteilisten miteinander verbunden werden konnten. Am Beispiel des größten Mehrpersonenwahlkreises Berlin mit zehn Abgeordneten soll dieses Prozedere verdeutlicht werden.

Im Wahlkreis Berlin traten bei der Wahl zur Nationalversammlung sechs Parteien an: USPD, SPD,[5] DDP, CVP, DVP und DNVP. Die letzteren drei Parteien gingen dabei eine Listenverbindung ein, das heißt, bei der Mandatsverteilung wurden sie als eine Partei behandelt und erst in einem zweiten Schritt berechnet, wie viele Reichstagssitze jedes Mitglied der Verbindung erhalten sollte. An Stimmen entfielen auf die SPD 392272, die USPD 293950, die Listenverbindung 218019 und die DDP 173487. Diese Werte werden wie in Tabelle 1 durch die Zahlen 1, 2, 3, 4... geteilt.

Divisor	SPD	USPD	LV	DDP
1	*392272*	*293950*	*218019*	*173487*
2	*196136*	*146975*	*109010*	86744
3	*130757*	97983	72673	57829
4	*98068*	73488	54505	43372
5	78454	58790	43604	34697

Tabelle 1: Anwendung des Höchstzahlverfahrens am Beispiel Berlins. Zugrunde gelegt werden das Wahlergebnis der Wahl zur Nationalversammlung von 1919 und die gemäß der Wahlsystemreform von 1918 zustehende Zahl von 10 Abgeordneten. Die vergebenen Mandate sind durch Kursivschrift markiert. LV steht für Listenverbindung.

Die auf diese Weise gewonnen Zahlen werden nun der Größe nach sortiert und für die zehn höchsten jeweils ein Mandat vergeben. Im Falle Berlins wäre die höchste Zahl die 392272, womit das erste Mandat der SPD zufällt. Die zweithöchste Zahl ist die 293950, was der USPD einen Parlamentssitz beschert, und die dritthöchste die 218019, wodurch die Parteien der Listenverbindung ein Mandat erhalten. Mit der Zahl 196136 stellt die SPD den vierten Berliner Abgeordneten, die DDP wird mit der Zahl 173487 erst mit dem fünften Mandat bedacht. Es folgen die Zahlen 146975 (USPD), 130757 (SPD), 109010 (Listenverbindung), 98068 (SPD) und 97983 (USPD). Damit stellt die SPD vier der Berliner Abgeordneten, die USPD drei und die DDP einen. Die auf die Listenverbindung entfallenen zwei Mandate müssen dagegen noch auf die beteiligten drei Parteien verteilt werden. Auch hier findet das Höchstzahlverfahren Anwendung (Tabelle 2).

---

5 Für die SPD wird in dieser Publikation durchgängig die offizielle Bezeichnung SPD statt des ebenfalls gebräuchlichen MSPD verwendet. Um jedoch keine allzu große Monotonie in der Wortwahl eintreten zu lassen, aber auch eine Verwechslung zwischen dem Gesamtergebnis von SPD und USPD und jenem der SPD alleine zu verhindern, wird das Gesamtergebnis als „sozialistisch" bezeichnet, als Synonym für die SPD hingegen der informelle Ausdruck „Mehrheitssozialdemokraten" verwendet.

Divisor	DNVP	DVP	CVP
1	*101754*	*61159*	55106
2	50877	30580	27553

Tabelle 2: Anwendung des Höchstzahlverfahrens am Beispiel der DNVP-DVP-CVP-Listenverbindung in Berlin. Zugrunde gelegt werden das Wahlergebnis der Wahl zur Nationalversammlung von 1919 und die gemäß der Wahlsystemreform von 1918 zustehende Zahl von 10 Abgeordneten, von denen zwei auf die Listenverbindung entfallen wären. Die vergebenen Mandate sind durch Kursivschrift markiert.

Die höchste Zahl weist mit 101754 die DNVP auf, die damit eines der beiden Mandate erhält. Das andere geht der DVP mit der Zahl 61159 zu. Die CVP geht leer aus.

Praktisch angewandt wurde die im Sommer 1918 verabschiedete Reform jedoch nie, da infolge der wenige Monate später eingetretenen Novemberrevolution das Wahlsystem in Deutschland in mehreren Gesetzen grundlegend neu gestaltet wurde. Die wichtigsten Neuerungen betrafen zum Einen den Kreis der Wahlberechtigten: Erstmals waren Frauen, aktive Militärs sowie generell Personen zwischen 20 und 25 Jahren wahlberechtigt. Zum Anderen wurden sämtliche Reichstagswahlkreise zu 38, nach der Zusammenlegung der beiden württembergisch-hohenzollern'schen zu 37 Mehrpersonenwahlkreisen vereinigt, in denen nach dem eben beschriebenen Höchstzahlverfahren eine Verhältniswahl stattfand.[6]

Damit ergaben sich einige unüberwindbare Grenzen für jede Untersuchung. So lassen sich selbstverständlich weder die Stimmen der Frauen noch jene der unter-25-jährigen Männer aus dem Wahlergebnis herausrechnen, weil die auf die einzelnen Parteien entfallenen Wahlzettel weder nach Alter noch nach Geschlecht getrennt erfasst wurden. Da der Kreis derjenigen Personen, die vor 1919 zum Reichstag wahlberechtigt waren, nun deutlich weniger als die Hälfte aller Wahlberechtigten ausmachte, kann unmöglich angegeben werden, wie die Wahl zur Nationalversammlung ohne diese Wahlrechtsausweitung ausgegangen wäre. Allenfalls kann aufgrund späterer Wahlen darauf verwiesen werden, dass vermutlich auch zu Beginn des Jahres 1919 die Frauen tendenziell eher konservativ als die Männer wählten. Schon unklarer ist, ob die jüngeren Wähler eher zur Wahl radikaler Parteien neigten als die älteren und damit die Tendenz der Frauen zu einem rechten Votum ausglichen.[7] Fest steht einzig, dass in allen Altersklassen eine relativ gleich hohe Wahlbeteiligung zwischen 80,5 % (20-jährige Frauen) und 84,8 % (über-50-jährige Männer) bestand. Ausnahmen bildeten lediglich jene Personen, die den Krieg hauptsächlich an der Front erlebt hatten: Bei den 21- bis 25-jährigen Männern lag die Wahlbeteiligung bei nur 70,5 % und bei den 20-jährigen sogar bei nur 59,6 %. Allerdings ist dabei zu beachten, dass nach Angabe des Kriegsministeriums der größte Teil des Ostheeres und damit der noch im Feld stehenden Soldaten an der Wahl aus organisatorischen Gründen nicht teilnehmen konnte.[8]

Ein weit geringeres Problem stellt glücklicherweise die Feststellung der Wahlergebnisse auf dem Gebiet der einzelnen alten Reichstagswahlkreise dar. Eine solche wurde zeitgenössisch veröffentlicht,[9] obgleich es den Statistikern in einigen Fällen nicht möglich war, jeden Wahlkreis deutlich gegen seine Nachbarn abzugrenzen, weshalb sie bei einigen nicht die Ergebnisse innerhalb der alten

6   Vgl. zu den Grundlagen der Wahl zur Nationalversammlung STATISTISCHES REICHSAMT: Die Wahlen zur verfassunggebenden Deutschen Nationalversammlung am 19. Januar 1919 mit einer Karte der Wahlkreise und farbiger Darstellung der Zahl und Parteistellung der in jedem Wahlkreis gewählten Abgeordneten (= Vierteljahreshefte zur Statistik des Deutschen Reichs – 28. Jg., 1919, Erstes Ergänzungsheft), Berlin 1919, S. 1-6.

7   Vgl. ROHE, Karl: Wahlen und Wählertraditionen in Deutschland – Kulturelle Grundlagen deutscher Parteien und Parteiensysteme im 19. und 20. Jahrhundert, Frankfurt am Main 1992, S. 121-125.

8   Vgl. STATISTISCHES REICHSAMT: Wahlen 1919, S. 16.

9   Die Ergebnisse wurden in den Anhang dieser Arbeit unter „B. Die Ergebnisse der Wahl zur Nationalversammlung am 19. Januar 1919 auf dem Gebiet der ehemaligen Reichstagswahlkreise" aufgenommen.

Kreisgrenzen, sondern innerhalb der damaligen Stadtgrenzen angaben. Dies ist aber eher ein Glücksfall, da es sich hierbei in der Regel um jene Wahlkreise handelt, die in der Wahlsystemreform vom Sommer 1918 ohnehin neu abgegrenzt worden waren und bei denen sich sonst die Frage gestellt hätte, inwieweit die Neuabgrenzung ihr Wahlergebnis veränderte. Probleme ergaben sich allerdings in jenen Fällen, in denen sich die Statistiker dazu entschlossen, das Ergebnis zweier Reichstagswahlkreise nur gemeinsam anzugeben.[10] Sofern diese Zusammenlegung nicht ebenfalls in der früheren Wahlsystemreform vorgenommen worden war, muss die Stimmenverteilung auf die einzelnen Reichstagswahlkreise geschätzt werden.

Vor größere Schwierigkeiten stellt den Forscher das Parteienangebot: Wäre bei der Wahl zur Nationalversammlung nach einer Mehrheitswahl gewählt worden, hätten für jeden einzelnen Reichstagswahlkreis gesondert Kandidaten aufgestellt werden müssen, was traditionell mit einer Vielzahl an Bündnissen zwischen den einzelnen Parteien schon in der Hauptwahl einherging.[11] Durch die Verhältniswahl in Mehrpersonenwahlkreisen waren Absprachen dagegen nur auf dem Gebiet der neuen Wahlkreise möglich, sodass eine solche Vereinbarung auf dem Territorium mehrerer alter Reichstagswahlkreise galt. Für die Untersuchung muss daher angenommen werden, dass jede Partei bestrebt gewesen wäre, angesichts der neuen Situation ihren Marktwert zu testen, das heißt, dass jede Partei auch in jedem Reichstagswahlkreis einen eigenen Bewerber aufgestellt hätte, wenn sie in der Realität für den neuen Wahlkreis eine Liste aufstellte.

Während die Abschätzung, welche Parteien es in eine Stichwahl geschafft hätten, dank der Überlieferung der echten Wahlergebnisse auf Ebene der alten Reichstagswahlkreise immerhin mit einiger Sicherheit möglich ist, ist in vielen Fällen der Ausgang der Stichwahl unberechenbar. Aus diesem Grund arbeitet die Untersuchung mit zwei Modellen, denen folgende Überlegung zugrunde liegt: Aus Frankreich ist bekannt, dass die Wähler bei einer absoluten Mehrheitswahl in der ersten Wahlrunde entscheiden, welche linke und welche rechte Partei in die Stichwahl einzieht, und erst in der Stichwahl, ob das Mandat an einen linken oder rechten Bewerber geht.[12] Von den beiden anzunehmenden Modellen muss also eines entweder von einem insgesamt linken oder rechten Wahlsieg ausgehen und die Mandate für diese Seite sammeln. Das andere Modell muss als Spiegelbild zusammenfassen, welche Parteien der anderen Seite wie viele Abgeordnete entsenden. Weil die eindeutigen Linken (SPD und USPD) 1919 weniger zersplittert waren als die Rechten (DNVP, DVP, Zentrum/CVP, BVP, Mittelstellung: DDP) und es die SPD als einzige Partei in fast jede Stichwahl schaffte, wird in Modell A der für die beiden sozialistischen Parteien günstigste Wahlausgang angenommen. Modell B geht spiegelbildlich vom für ein solches Bündnis ungünstigsten Ergebnis aus. Dies widerspricht insofern der Realität des Januars 1919, als die Zeitgenossen eher eine zukünftige SPD-DDP-Regierung als eine Erneuerung des SPD-USPD-Bündnisses erwarteten, obgleich die linksliberale Bereitschaft zu Reformen mit den Sozialdemokraten von Anfang an begrenzt war.[13] In Fällen, wo keine sozialistische Partei in die Stichwahl gelangte, wird daher in Modell A von einem Sieg der DDP oder, wenn auch das nicht möglich ist, der CVP, die später doch der Weimarer Koalition beitreten sollte, angenommen, um zumindest der SPD eine Regierungsbeteiligung auch jenseits der USPD zu ermöglichen. In Modell B wird hingegen im Zweifelsfall ein möglicher Wahlsieg der DNVP/DVP einem von DDP und CVP vorgezogen, weil dies die Koalitionsoptionen der SPD reduziert. Damit bleibt die Möglichkeit ausgeklammert, ob es auch zu einer DDP-CVP-Mehrheit hätte reichen können. Ein solches Modell C wird in den Kapiteln zu den einzelnen Wahlkreisen nicht explizit geführt, da es nur in sehr seltenen Fällen zu Abweichungen von den Ergebnissen der Modelle

10 STATISTISCHES REICHSAMT (Hrsg.): Vierteljahreshefte zur Statistik des Deutschen Reichs, 28. Jg. 1919, Viertes Heft, S. 277.

11 Zur Problematik der kaiserzeitlichen Wahlbündnisse vgl. REIBEL: Handbuch, Bd. 1, S. 20-35.

12 Vgl. allgemein zur Wirkungsweise des absoluten Mehrheitswahlrechts am Beispiel des III. bis V. Französischen Republik NOHLEN, Dieter: Wahlrecht und Parteiensystem, 7., überarb. u. akt. Aufl., Opladen, Toronto 2014, S. 345-362; BAEDERMANN, Tim: Der Einfluss des Wahlrechts auf das Parteiensystem (= Beiträge zum ausländischen und vergleichenden öffentlichen Recht, Bd. 26), Baden-Baden 2007, S. 193-198.

13 Vgl. LEHNERT, Detlef: Die Weimarer Republik – Parteienstaat und Massengesellschaft, Stuttgart 1999, S. 31-38.

A und B kommt. Im Fazit werden wir uns jedoch auch mit dieser Variante beschäftigt.

Um die Entscheidungen, warum eine Partei einen Wahlkreis gewonnen haben dürfte oder nicht, für den Leser nachvollziehbar zu machen, wird zu jedem Reichstagswahlkreis, dessen Parlamentssitz nicht schon in der Hauptwahl vergeben worden wäre, eine Erörterung des Ergebnisses vorgenommen. Hierfür werden auch die Resultate derjenigen Parteien angegeben, die es nicht in die Stichwahl geschafft hätten, allerdings nur, wenn sie wenigstens ein Zehntel der abgegebenen Stimmen erhielten. Zudem wird in der Regel ein Vergleich mit den seit der Jahrhundertwende, das heißt bei den Reichstagswahlen von 1903, 1907 und 1912 sowie etwaigen Ergänzungswahlen, eingetretenen Ergebnissen vorgenommen. Dabei werden, sofern nicht anders angegeben, die Vorkriegsverhältnisse stets auf der Grundlage von Carl-Wilhelm Reibels Handbuch der Reichstagswahlen geschildert.

Im Wesentlichen traten bei der Wahl zur Nationalversammlung sechs Parteien an: die DNVP als Vertreterin der Deutsch- und Freikonservativen, die DVP als Vertreterin der Nationalliberalen, die CVP als Nachfolgerin des Zentrums sowie die DDP als Vertreterin der Linksliberalen. Bei den Sozialisten hatte sich während des Krieges die USPD von der SPD abgespalten.[14] Es ist davon auszugehen, dass dieses Parteienangebot im Wesentlichen auch dann bestanden hätte, wenn das Mehrheitswahlsystem angewandt worden wäre. Traten in einem Wahlkreis zudem Regionalparteien von relevanter Größe auf oder eine der oben erwähnten Parteien nicht an, wird dies zu Beginn des jeweiligen Kapitels erwähnt.

Um schließlich keine Verwirrung zwischen dem alten und dem neuen Wahlsystem aufkommen zu lassen, wird im Folgenden immer dann von „Wahlkreis" gesprochen werden, wenn einer der 37 für die Wahl zur Nationalversammlung eingerichteten Wahlkreise gemeint, und von „Reichstagswahlkreis", wenn von einem der alten Reichstagswahlkreise die Rede ist.

---

14 Vgl. WINKLER, Heinrich August: Weimar 1918-1933 – Die Geschichte der ersten deutschen Demokratie, durchgeseh. Aufl., München 1998, S. 69.

Die Ergebnisse in den Wahlkreisen

Wahlkreis 1: Provinz Ostpreußen

Der Wahlkreis 1 bestand aus dem Gebiet der bisherigen 17 ostpreußischen Reichstagswahlkreise. Bei der Wahl zur Nationalversammlung waren die Listen von DNVP, DVP und CVP miteinander verbunden.

In zehn Reichstagswahlkreisen wäre die Wahl bereits im ersten Wahlgang entschieden worden: An die SPD wären Sensburg-Ortelsburg mit 53,7 %, Rastenburg-Gerdauen-Friedland mit 55,65 %, Memel-Heydekrug mit 56,6 %, Osterode-Neidenburg mit 56,9 %, Tilsit-Niederung mit 57,75 %, Ragnit-Pillkallen mit 57,1 %, Angerburg-Lötzen mit 59,33 % und Oletzko-Lyck-Johannisburg mit 61 % gegangen, an die CVP Allenstein-Rössel mit 54,4 % und Braunsberg-Heilsberg mit 80,04 %.

Für die Reichstagswahlkreise Stadt Königsberg und Königsberg-Land-Fischhausen war den Statistikern eine getrennte Aufschlüsselung des Wahlergebnisses nicht möglich. Der Reichstagswahlkreis Stadt Königsberg war 1903 in einer Stichwahl gegen die Linksliberalen mit 51,5 % an die SPD gegangen, 1907 mit 53,2 % an die Linksliberalen und 1912 mit 51,7 % wieder an die SPD. Der Reichstagswahlkreis Königsberg-Land-Fischhausen wurde 1903 mit 52,4 % und 1907 mit 69,1 % von den Konservativen erobert, gegen die sich 1912 die Linksliberalen in einer Stichwahl mit 54,4 % durchsetzten. Bei den Wahlen zur Nationalversammlung erreichte die SPD insgesamt 37,3 %, gefolgt von der DDP mit 19,1 %, der USPD mit 16,8 % und der DVP mit 16,4 %. Damit bestand eine sozialistische Mehrheit von 56,4 %, die SPD hätte je nach Stimmenverteilung entweder einen Reichstagswahlkreis direkt gewinnen können oder sich in beiden einer Stichwahl gegen DDP, USPD oder DVP gegenübergesehen. Angesichts der früheren Wahlergebnisse ist davon auszugehen, dass sie den Reichstagswahlkreis Stadt Königsberg entweder direkt oder in einem zweiten Urnengang gegen DDP oder USPD gewonnen hätte. Für Königsberg-Land-Fischhausen muss dagegen eine Stichwahl zwischen den Mehrheitssozialdemokraten und der DDP oder der DVP als wahrscheinlich gelten. Letzterer Fall hätte sowohl das günstigste als auch das ungünstigste Szenario für die Sozialisten dargestellt, denn bei einem Duell gegen die DVP wäre es nicht unwahrscheinlich, dass ausreichend Anhänger der Linksliberalen direkt oder durch Wahlenthaltung indirekt die SPD unterstützt und ihr damit zum Sieg verholfen hätten, was in Modell A angenommen wird. Allerdings wäre es auch möglich, dass sie in ausreichendem Maße für den nationalliberalen Bewerber eingetreten wären und damit das Mandat der DVP in die Hände gegeben hätten, wovon in Modell B ausgegangen wird. Freilich hätte, wäre die DDP selbst in die Stichwahl eingezogen, auch ihr der Parlamentssitz zufallen können.

Definitiv in die engere Wahl hätten es die Linksliberalen in drei Reichstagswahlkreisen geschafft, und zwar stets gegen die SPD. In Gumbinnen-Insterburg hätten sich beide Parteien mit 28,7 % und 42,7 % gegenübergestanden. Es folgten die DNVP mit 10,9 % und die DVP mit 10,4 %. Angesichts einer sozialistischen Minderheit von 49,4 % wird in beiden Modellen von einem DDP-Sieg ausgegangen.

Dasselbe gilt für den Reichstagswahlkreis Stallupönen-Goldap-Darkehmen. Die SPD kam hier auf 48,5 % und die DDP auf 26,5 %. Es folgten die DNVP mit 15,9 %, die Sozialisten verpassten die Mehrheit erneut knapp mit 49 %. Auch hier kann in beiden Modellen davon ausgegangen werden, dass die nichtsozialistische Alternative die Stichwahl gewonnen hätte.

Anders verhält es sich mit dem Reichstagswahlkreis Labiau-Wehlau. Die SPD erreichte hier 49,4 % und die DDP 19,4 %. Angesichts des geringen Abstandes, mit dem die Mehrheitssozialdemokraten das Mandat verpassten, und eines USPD-Stimmenanteils von 8,2 % kann von einem SPD-Sieg in der Stichwahl ausgegangen werden.

Ebenfalls günstig für die Mehrheitssozialdemokraten war die Situation in den verbleibenden beiden Reichstagswahlkreisen, wo sie in der Stichwahl jeweils einem politisch exponierten Gegner von der DNVP gegenübergestanden hätten. In Heiligenbeil-Preußisch Eylau erreichten die SPD

45,9 % und die DNVP 24,5 %. Die DDP kam auf 20,5 %, die Sozialisten zusammen auf 48,8 %. Angesichts des wie erwähnt ausgesprochen weit rechts stehenden Gegners ist es möglich, dass ausreichend viele Linksliberale die Teilnahme an der Stichwahl verweigert oder für die SPD als dem kleineren Übel gestimmt hätten. Hierfür spricht nicht zuletzt, dass der Rückhalt für die Konservativen in Heiligenbeil-Preußisch Eylau schon vor dem Krieg drastisch gesunken war: Hatten sie den Reichstagswahlkreis 1903 noch mit 67,1 % und 1907 sogar mit 81,6 % der Stimmen im ersten Wahlgang erobert, waren es 1912 nur noch magere 51,5 %. Das Mandat geht daher in Modell A an die Mehrheitssozialdemokraten und nur in Modell B an die DNVP.

Dasselbe Urteil muss über den Reichstagswahlkreis Preußisch Holland-Mohrungen gesprochen werden. Für die SPD stimmten hier 46 % und für die DNVP 28,4 % der Wähler. Die DDP folgte mit 19,4 %, die USPD war mit 18 gültigen Stimmzetteln de facto nicht präsent. Zwar war das Mandat 1903 und bei einer Ergänzungswahl 1905 mit 87,7 %, 1907 mit 90,1 % sowie 1912 mit 88 % an die Konservativen gegangen, dennoch ist auch hier eine ausreichende linksliberale Unterstützung für die SPD denkbar. Das Mandat geht daher in Modell A an die SPD und in Modell B an die DNVP.

Im Wahlkreis 1 erhält die SPD damit im Modell A 13 und CVP sowie DDP jeweils zwei Mandate. In Modell B werden zehn Abgeordnete von der SPD ins Parlament entsandt, jeweils zwei von DDP, CVP und DNVP sowie einer von der DVP.

Wahlkreis 2: Provinz Westpreußen

Der Wahlkreis 2 bestand aus dem Gebiet der 13 Reichstagswahlkreise der Provinz Westpreußen. Bei der Wahl zur Nationalversammlung waren die Listen von SPD und USPD verbunden, die DVP trat hier nicht an. Zu beachten ist, dass in der Zeit nach der Jahrhundertwende die Reichstagswahlkreise Neustadt-Karthaus, Berent-Preußisch Stargard und Konitz-Tuchel stets sowie Thorn-Kulm und Schwetz jeweils einmal an einen polnischen Bewerber gegangen sind. In den übrigen Reichstagswahlkreisen bestanden mit Ausnahme von Elbing-Marienburg, Land Danzig, Stadt Danzig und Deutsch-Krone starke polnische Minderheiten. Da die polnischen Abgeordneten bereits am 25.10.1918 ihre Tätigkeit in Reichstag und preußischem Landtag aufgrund ihrer Nichtzugehörigkeit zu Deutschland demonstrativ beendet hatten, muss mit einem Wahlboykott der Polen gerechnet werden, wofür auch die ausgesprochen geringe Wahlbeteiligung von 58,4 % 1919 gegen 86,6 % bei der Reichstagswahl von 1912 in der Provinz Westpreußen spricht.[15] Kein einziges Mandat wäre bereits im ersten Wahlgang von einem Kandidaten mit Sicherheit gewonnen worden.

Die Ergebnisse für die Reichstagswahlkreise Danzig Land und Stadt Danzig konnten von den Statistikern nicht getrennt werden. Insgesamt erhielt die SPD 38,5 % der Stimmen, gefolgt von der DDP mit 23,8 %, der CVP mit 16,3 % und der DNVP mit 15,3 %. Die Sozialisten kamen auf zusammen 44,6 %. Der Reichstagswahlkreis Danzig Land war 1903 von den Freikonservativen in einer Stichwahl gegen das Zentrum mit 57,4 % erobert worden, 1907 in einer Neuauflage des Duells mit 56,1 % sowie 1912 in einer Stichwahl gegen die SPD mit 60,3 %. In der Stadt Danzig hatten sich 1903 die Linksliberalen mit 61,8 % in einer Stichwahl gegen die SPD durchgesetzt, 1907 in derselben Konstellation mit 62,6 % und 1912 bei einer weiteren Neuauflage mit 55,8 %. Im für die Sozialisten denkbar günstigsten Fall ist daher von einem knappen Wahlsieg der SPD in der Stadt Danzig auszugehen, im wahrscheinlicheren Modell B dagegen von einem Mandatsgewinn für die DDP. Für Danzig Land sind angesichts der Zahlenverhältnisse und der Vorgeschichte sämtliche Stichwahlkonstellationen zwischen SPD, DDP, Zentrum und DNVP denkbar. Eine Vorhersage für diesen Reichstagswahlkreis ist unter den gegebenen Umständen unmöglich; um jedoch dem schwachen Abschneiden der Sozialisten im Gesamtergebnis beider Reichstagswahlkreise sowie der frühe-

15 Vgl. STATISTISCHES REICHSAMT: Wahlen 1919, S. 30; KOTOWSKI, Albert S.: Zwischen Staatsräson und Vaterlandsliebe – Die Polnische Fraktion im Deutschen Reichstag 1871-1918 (= Beiträge zur Geschichte des Parlamentarismus und der politischen Parteien; 159), Düsseldorf 2007, S. 191 f.

ren Konzentration der Zentrums- und konservativen Stimmen in Danzig Land einer-, der linksliberalen in der Stadt Danzig andererseits gerecht zu werden, wird im Modell A Danzig Land dem Zentrum, im Modell B der DNVP zugerechnet. Damit geht in Modell A Stadt Danzig an die SPD und Danzig Land an die später in die Weimarer Koalition eingebundene CVP, in Modell B Stadt Danzig an die DDP und Danzig Land an die DNVP.

Der unklaren Situation in der Hauptstadtregion entsprachen auch die Verhältnisse im Rest Westpreußens, denn in den verbleibenden elf Reichstagswahlkreisen wäre es zu nicht weniger als sechs unterschiedlichen Stichwahlkonstellationen gekommen.

Am häufigsten wären mit vier Fällen dabei Duelle zwischen der DDP und der DNVP gewesen. Im zuvor polnisch dominierten Reichstagswahlkreis Neustadt-Karthaus erreichten diese Parteien 29,8 % respektive 26,6 % der Stimmen. Es folgten die CVP mit 21,8 % und die SPD mit 20,3 %. Insgesamt bestand eine hauchdünne sozialdemokratisch-linksliberale Mehrheit von 50,1 %, die sich durch die USPD-Anhängerschaft noch leicht auf 51,6 % erhöhte. Angesichts dessen sowie der exponierten Stellung des Gegners kann in beiden Modellen von einem Sieg des DDP-Kandidaten ausgegangen werden.

Dasselbe gilt grundsätzlich auch für die beiden folgenden Reichstagswahlkreise. In Thorn-Kulm wurde die DDP mit 44,1 % klar stärkste Kraft. Sie lag nicht nur vor der mit 35,2 % zweitplatzierten DNVP, sondern hätte auch vor einem DNVP-CVP-Bündnis gelegen, das nur 38,3 % der Stimmen erhalten hätte. Die SPD folgte mit 17,3 %. Das Mandat wäre der DDP damit sicher gewesen, denn selbst wenn polnische Wahlberechtigte ihren Boykott in der zweiten Wahlrunde aufgegeben hätten, um für ihr Land einen günstigeren Verhandlungspartner zu erhalten, hätten sie kaum den Deutsch-Nationalen zugewandt.

Im Reichstagswahlkreis Schwetz wäre eine Stichwahl sogar beinahe ausgeblieben, verpassten die Linksliberalen mit 49,2 % die absolute Mehrheit der Stimmen doch denkbar knapp. Die DNVP erreichte hier 28,6 %, die SPD folgte mit 19,7 %, Das Mandat wäre der DDP sicher gewesen.

Etwas anders lagen die Verhältnisse im Reichstagswahlkreis Berent-Preußisch Stargard. Hier erhielten die Linksliberalen zwar immerhin 46,2 % und die DNVP 21,9 %, doch folgte die SPD mit 21,8 % und nur 33 Stimmen Rückstand. Obwohl die Sozialisten gemeinsam nur auf 22,1 % kamen, hätten die Mehrheitssozialdemokraten theoretisch das Mandat erobern können, sofern nicht nur einige Wähler sich umentschieden und ihr einen knappen Einzug in die Stichwahl ermöglicht, sondern anschließend im großen Maßstab polnische Wahlberechtigte den SPD-Bewerber gewählt hätten, um dadurch Polen ein besseren Verhandlungspartner zu geben. Da dieses Szenario aber mit gleich zwei großen Unwägbarkeiten verbunden ist, wird dass das Mandat in beiden Modellen der DDP zugesprochen.

Zu einem direkten Aufeinandertreffen von Mehrheitssozialdemokraten und Linksliberalen wäre es auf jeden Fall in drei anderen Reichstagswahlkreisen gekommen. In Stuhm-Marienwerder kamen die SPD auf 30,9 % und die DDP auf 27,5 % der Stimmen. Es folgten die DNVP mit 26,8 % und die CVP mit 12,2 %, die Sozialisten kamen auf zusammen 33,5 %.

In Rosenberg-Löbau erreichten die SPD 35,1 % und die DDP 31,9 %. Die DNVP folgte mit 28,2 %, die USPD wurde nicht gewählt.

Hatten die Mehrheitssozialdemokraten in diesen beiden Fällen bei fehlender sozialistischer Mehrheit wenigstens den ersten Platz erreicht, so kamen sie in Graudenz-Strasburg auf lediglich 29,7 %, die DDP dagegen auf 45,1 %. Für die DNVP entschieden sich 20 % der Wähler, die Sozialisten kamen auf zusammen 30,3 %.

An und für sich wäre unter diesen Umständen von drei sicheren DDP-Mandaten auszugehen. Allerdings handelte es sich um Reichstagswahlkreise mit starken polnischen Minder-, teils sogar Mehrheiten; 35,2 % im Jahre 1912 in Stuhm-Marienwerder waren das Schlechteste, was die Polen hier seit der Jahrhundertwende eingefahren hatten. In keinem Fall kann daher ausgeschlossen werden, dass nicht doch ausreichend Polen in einer Stichwahl der SPD zum Sieg verholfen hätten, sodass in Modell A als dem für die Sozialisten günstigsten Ausgang von drei entsandten SPD-Abgeordneten, in Modell B hingegen von drei DDP-Mandaten ausgegangen wird.

Gleichwohl hätten die Linksliberalen Westpreußens noch eine weitere Chance gehabt, einen Vertreter ins Parlament zu entsenden: Im Reichstagswahlkreis Konitz-Tuchel wären sie mit 24,7 % gegen eine 36 % starke CVP in die Stichwahl gekommen. Es folgten die SPD mit 21 % und die DNVP mit 18,1 %. Wie sich die Anhänger der anderen Parteien in diesem sonst stets von polnischen Mehrheiten beherrschten Wahlkreis bei der Entscheidung zwischen einem Linksliberalen und einem Katholiken verhalten hätten, ist völlig unvorhersehbar, ebenso, ob und inwieweit sich polnische Wahlberechtigte zur Stichwahlunterstützung eines Katholiken entschlossen hätten oder nicht. Das Mandat wird daher in Modell A der weiter links stehenden DDP, in Modell B der weiter rechts stehenden CVP zugerechnet.

Aber auch Letztere hätte in Westpreußen noch eine weitere Chance bekommen, einen Abgeordneten nach Berlin zu schicken: Im Reichstagswahlkreis Deutsch-Krone hätte sich die Christliche Volkspartei mit 37,5 % für die Stichwahl gegen eine 29,6 % starke DNVP qualifiziert. Es folgten die SPD mit 22,6 % und die DDP mit 10,2 %. Angesichts der exponierten Stellung der Deutsch-Nationalen einerseits und der Konflikte mit Polen andererseits,[16] ist jedoch auch in diesem Fall eine Vorhersage des Wahlverhaltens der übrigen Wahlberechtigten unvorhersehbar und wird das Mandat in Modell A der CVP, in Modell B der DNVP zugesprochen.

Ähnlich sah die Lage für die Deutsch-Nationalen im Reichstagswahlkreis Schlochau-Flatow aus: Sie erreichten hier 38,6 % und hätten gegen die SPD, welche auf 27 % kam, in die Stichwahl gemusst. Es folgten die CVP mit 20,4 % und die DDP mit 13,5 %, die Sozialisten kamen zusammen auf 29 %. Wie sich die Anhänger der anderen Parteien bei der Auswahl zwischen einem Vertreter der alten Ordnung und einem deutlich schwächeren Sozialdemokraten entschieden hätten, ist erneut nicht zu prognostizieren; bei den letzten drei Reichstagswahlen vor dem Weltkrieg war das Mandat jedoch mit jeweils etwa zwei Dritteln der Stimmen an einen rechten Bewerber, meist einen Konservativen, gegangen. Für die Wahl von 1919 kann dennoch nur in Modell B von einem Sieg der DNVP ausgegangen werden, in Modell A ist ein Erfolg der SPD anzunehmen.

Verbleibt als letzter Reichstagswahlkreis Marienburg-Elbing, wo es zu einem für die Ostgebiete eher ungewöhnlichen innersozialistischen Stichwahlduell gekommen wäre, erreichten die SPD doch 28,9 % und die USPD 21,8 %, was im Übrigen eine knappe sozialistische Mehrheit von 50,7 % bedeutete. Das ist nicht unwichtig, denn die DDP folgte mit nur 56 Stimmen Rückstand und 21,7 %, der DNVP kamen 15,6 % zu und der CVP 12 %. 1903 hatten die Konservativen das Mandat in einer Stichwahl gegen die SPD mit 54,6 % erhalten, 1907 in einer Neuauflage der Stichwahl mit 71,2 %, 1912 eroberten es die Freikonservativen in einer Stichwahl gegen die Konservativen mit 56,3 %. Angesichts der knappen Verhältnisse im Jahre 1919 ist davon auszugehen, dass sich die SPD in jedem Fall gegen die USPD durchgesetzt hätte. Allerdings muss zumindest erwähnt werden, dass bei nur wenigen sich anders entscheidenden Wahlberechtigten auch die DDP in die Stichwahl hätte einziehen und dann, sofern die USPD-Anhänger nicht mit ausreichender Geschlossenheit hinter dem Bewerber der Mehrheitssozialdemokraten gestanden hätten, einen knappen Wahlsieg hätte einfahren können.

Im Wahlkreis 2 fallen der SPD im Modell A sechs Wahlkreise zu, der DDP fünf und der CVP zwei, in Modell B der DDP acht, der DNVP drei und SPD sowie CVP jeweils einer. Unklar muss freilich bleiben, was mit diesen Abgeordneten in der Zeit zwischen dem Inkrafttreten des Versailler Vertrags und der nächsten Reichstagswahl geschehen wäre, denn nur fünf Reichstagswahlkreise wären nicht oder nur anteilig an Polen abgetreten respektive als Freie Stadt Danzig in die Unabhängigkeit entlassen worden. Ob ihre Mandate noch anerkannt oder aufgehoben worden wären, ist insofern von Interesse, als damit theoretisch auch die Mehrheit der Reichsregierung hätte gebrochen werden können. Nur erwähnt sei deshalb, dass nach Modell A die SPD vier und die CVP ein, nach Modell B DDP und DNVP jeweils zwei und die SPD ein Mandat mit Sicherheit behalten hät-

16 Vgl. dazu Kapitel Wahlkreis 8: Provinz Posen.

ten.

Wahlkreis 3: Berlin

Berlin war seit 1867 in sechs Reichstagswahlkreise eingeteilt, die durch die Wahlsystemreform vom Sommer 1918 zu einem Wahlkreis zusammengelegt wurden, in dem zehn Abgeordnete zu wählen gewesen wären. Wäre dieses Verfahren bei der Wahl zur Nationalversammlung angewandt worden (die Mandatszahl Berlins wurde dazwischen auf 14 erhöht), hätte die SPD mit 36,4 % vier Sitze erhalten, die USPD mit 27,3 % drei und die DDP mit 16,1 % einen Sitz. Da die Listen von DNVP, DVP und CVP miteinander verbunden waren und auf diese Listenverbindung 20,2 % der gültigen Stimmen entfielen, hätte sie zwei Abgeordnete entsenden können. Aufgrund des Kräfteverhältnisses zwischen den drei Parteien wäre einer dieser Abgeordneten von der DNVP und einer von der DVP gestellt worden.

Nicht unerwähnt bleiben soll, was geschehen wäre, hätte es überhaupt keine Wahlreform gegeben. Dann hätte sich in keinem Reichstagswahlkreis eine absolute Stimmenmehrheit ergeben und wäre es in Berlin 1, Berlin 2, Berlin 3 und Berlin 5 zu Stichwahlen zwischen SPD und DDP, in Berlin 4 und Berlin 6 zu solchen zwischen SPD und USPD gekommen. Sozialistische Stimmenmehrheiten bestanden lediglich in den Reichstagswahlkreisen Berlin 3 bis 6 und betrugen zwischen 55,9 % und 69,5 %. In Berlin 2 wurde eine solche denkbar knapp mit 49,9 %, in Berlin 1 dagegen deutlich mit 38,1 % verpasst.

Damit wäre zumindest das Mandat im ersten Berliner Reichstagswahlkreis für die Sozialisten auch 1919 uneinnehmbar gewesen, zumal berücksichtigt werden muss, dass die SPD erst im Oktober 1918 hier den Linksliberalen in einer Ergänzungswahl unterlegen war.[17] Auch Berlin 2 ist von einem wenn auch knappen Wahlsieg der DDP auszugehen. Bedenkt man ferner, dass angesichts des Januaraufstands eine völlige Unterstützung der SPD-Kandidaten durch USPD-Wähler nicht angenommen werden kann, so müssen des Weiteren der dritte und fünfte Berliner Reichstagswahlkreis als gefährdet gelten, sodass die Sozialisten im für sie schlimmsten Fall nur zwei, im besten fünf der sechs Mandate gewonnen hätten.

Wahlkreise 4 und 5: Regierungsbezirk Potsdam

Die Wahlkreise 4 und 5 umfassten das Gebiet der zehn Reichstagswahlkreise des Regierungsbezirks Potsdam und waren nur insofern geteilt, als der besonders einwohnerreiche Reichstagswahlkreis Teltow-Beeskow-Storkow-Charlottenburg als eigener Wahlkreis eingerichtet wurde. Er sollte bereits bei der Wahlsystemreform vom Sommer 1918 in einen Sieben-Personen-Wahlkreis umgewandelt werden. Da mit dem Reichstagswahlkreis Niederbarnim aber noch ein weiterer Teil des Regierungsbezirks Potsdam in einen Drei-Personen-Wahlkreis umgewandelt wurde und DNVP, DVP und CVP ihre Listen in beiden 1919 eingerichteten Wahlkreisen verbanden, gibt es keinen Grund, den Regierungsbezirk Potsdam für diese Untersuchung zu teilen.

Was die beiden Mehrpersonenwahlkreise anlangt, so hätte die SPD in Teltow-Beeskow-Storkow-Charlottenburg mit 35,8 % drei Mandate erhalten, je eines wäre an die DDP mit 21 % und die USPD mit 15,5 % gegangen. Die übrigen beiden Mandate hätte die Listenverbindung erhalten, wodurch die DNVP mit 13,2 % und die DVP mit 10,8 % jeweils einen Abgeordneten entsendet hätte. Im Reichstagswahlkreis Niederbarnim wären zwei Mandate an die 38,1 % starke SPD und eines an die USPD, für welche sich 29,5 % der Wähler entschieden, gegangen. Die DDP wäre mit 15 % der Stimmen leer ausgegangen.

Ohne eine Wahlsystemreform hätten sich die Mehrheitssozialdemokraten zwar in beiden

---

17 Die Linksliberalen hatten am 15.10.1918 48,6 % der Stimmen erhalten, die SPD 36,4 % und die USPD 10,9 %. In der Stichwahl obsiegten die Linksliberalen mit 53,9 %. Allerdings war die Wahlbeteiligung kriegsbedingt extrem niedrig. Vgl. REIBEL: Handbuch, Bd. 1, S. 120.

Fällen als stärkste Kraft erwiesen, aber dennoch in eine Stichwahl gemusst, und zwar gegen die DDP in Teltow-Beeskow-Storkow-Charlottenburg und gegen die USPD in Niederbarnim. Während die SPD Letztere definitiv für sich entschieden hätte, wäre in ersterem Fall ein linksliberaler Wahlsieg nicht auszuschließen, betrug die sozialistische Mehrheit doch nur 51,3 % und ist wegen des nahen Berlins unsicher, ob die USPD-Anhänger in ausreichendem Maße die SPD unterstützt hätten.

Von den übrigen acht Reichstagswahlkreisen wurde nur Westhavelland-Brandenburg bereits im ersten Wahlgang von der SPD mit 57,9 % erobert.

Sieben Mal hätten sich die Mehrheitssozialdemokraten in einer Stichwahl gegen die Linksliberalen wiedergefunden. Dabei kann in drei Fällen von einem sicheren Sieg der Letzteren ausgegangen werden: Im Reichstagswahlkreis Ostprignitz wurde die DDP mit 39,7 % stärkste Kraft, wohingegen die SPD nur 34,7 % der Stimmen erhielt. Es folgte die DNVP mit 21,7 %, die USPD fand nur 43 Wähler.

Im Reichstagswahlkreis Westprignitz führte die SPD zwar mir 45 % und die DDP erreichte nur 29 %, wobei die DNVP mit 21,9 % folgte. Die sozialistischen Parteien blieben mit 46 % jedoch klar in der Minderheit.

Ähnlich war die Ausgangssituation im Reichstagswahlkreis Ruppin-Templin, wo auf die SPD 47,2 % und auf die DDP 21,9 % der Stimmen entfielen. Es folgten die DNVP mit 19,3 % und die CVP mit 10,4 %. Die Sozialisten blieben auch hier mit 47,7 % deutlich in der Minderheit.

Weniger eindeutig war die Situation in den übrigen sozialdemokratisch-linksliberalen Stichwahlen. Im Reichstagswahlkreis Zauch-Belzig-Jüterbog-Luckenwalde erhielten die SPD 46,7 % und die DDP 26,9 % der Stimmen. Es folgte die DNVP mit 14,6 %. Eine sozialistische Mehrheit bestand zwar, war mit 50,8 % aber recht knapp. Zauch-Belzig-Jüterbog-Luckenwalde war 1903 in einer Stichwahl von den Freikonservativen mit 53 % gegen die SPD gewonnen worden, 1907 und 1912 in derselben Konstellation mit 63,3 % respektive 50,4 %. Erst in einer Ergänzungswahl im Jahre 1913 konnte sich der SPD-Bewerber mit 51,2 % in einer Stichwahl gegen die Freikonservativen durchsetzen. Angesichts dieser Vorgeschichte, der knappen sozialistischen Mehrheit und der Nähe zu Berlin, die das Ausmaß der Unterstützung der USPD-Anhänger für die Mehrheitssozialdemokraten reduziert haben könnte, wird das Mandat nur in Modell A der SPD, in Modell B dagegen der DDP zugesprochen.

Die Nähe zu Berlin und die damit verbundene Unsicherheit über das Verhalten der USPD-Anhänger sind auch der Grund, weshalb im Reichstagswahlkreis Potsdam-Osthavelland-Spandau nicht von einem sicheren Sieg der SPD ausgegangen werden kann. Die Mehrheitssozialdemokraten erreichten hier 35,8 % und die DDP 19,9 % der Wahlzettel. Die USPD folgte mit 19,8 % oder 290 Stimmen Rückstand, die DNVP mit 14,8 %. Zusammen erhielten sie Sozialisten 55,5 %. 1903 hatten die Konservativen das Mandat mit 50,7 % in einer Stichwahl gegen die SPD erobert, 1907 in derselben Konstellation mit 54,1 %. Erst 1912 gelang es Karl Liebknecht, das Mandat mit 54,4 % zu gewinnen, 1917 ging es in einer Ergänzungswahl zwischen SPD und USPD bei einer kriegsbedingt niedrigen Wahlbeteiligung mit 77,1 % an Erstere. Der Parlamentssitz kann folglich nur in Modell A der SPD zuerkannt werden, in Modell B geht er an die DDP. An diesen Verhältnissen würde sich übrigens auch nichts ändern, wenn die USPD durch einige sich anders entscheidende Wahlberechtigte in die Stichwahl gekommen wäre, denn dann wäre sie der stärkeren SPD zweifellos unterlegen.

Nur in einem Fall muss ein linksliberaler Erfolg als so unwahrscheinlich gelten, dass den Mehrheitssozialdemokraten ein Mandat in beiden Modellen zugesprochen werden kann: Im Reichstagswahlkreis Oberbarnim entschieden sich 47,6 % der Wähler für die SPD und 21,8 % für die DDP. Es folgte die DNVP mit 14,3 %. Hier bestand nicht nur eine sozialistische Mehrheit von 53,4 %, die Mehrheitssozialdemokraten hatten sogar alleine 521 Stimmen mehr erhalten als alle nichtsozialistischen Parteien zusammen. Das macht immerhin 1,02 % aller abgegebenen Wahlzettel aus.

Nur einmal wäre es zu einer Stichwahl zwischen der SPD mit 42,6 % und der DNVP mit 21,8 % gekommen, und zwar im Reichstagswahlkreis Prenzlau-Angermünde. Die DDP folgte mit

19,3 %, die CVP mit 14,6 %, die Sozialisten kamen auf zusammen 43,4 %. Bei einem solchen Abstand zur absoluten Mehrheit erscheint es trotz der politischen Exponiertheit des Deutsch-Nationalen nicht möglich, zweifelsfrei zu entscheiden, ob die Stichwahl zugunsten der SPD oder der DNVP ausgegangen wäre, sodass Prenzlau-Angermünde in Modell A der ersteren, in Modell B der letzteren Partei zugeschlagen wird.

Im Regierungsbezirk Potsdam entsendet die SPD in Modell A zehn Abgeordnete, die DDP vier, die USPD zwei sowie DNVP und DVP jeweils einen. In Modell B ist die SPD dagegen nur noch knapp mit sieben Mandaten die an Sitzen erfolgreichste Partei vor der DDP mit sechs Vertretern. Je zwei Abgeordnete stellen DNVP und USPD sowie einen die DVP .

Wahlkreis 6: Regierungsbezirk Frankfurt/Oder

Der Wahlkreis 6 umfasste das Gebiet der zehn Reichstagswahlkreise des Regierungsbezirks Frankfurt/Oder. Bei der Wahl zur Nationalversammlung bestanden zwei Listenverbindungen: Zum Einen zwischen DNVP, DVP, CVP und DDP, zum Anderen zwischen SPD und USPD.

In sechs Reichstagswahlkreisen wäre das Mandat bereits im ersten Wahlgang vergeben worden: Die SPD holte in Guben-Lübben 50,9 %, in Frankfurt a. O.-Lebus 52 %, in Landsberg-Soldin 52,8 %, in Cottbus-Spremberg 55,5 %, in Sorau 57,5 % und in Kalau-Luckau 60,3 %.

In den übrigen vier Reichstagswahlkreisen hätten sich stets SPD und DNVP für die Stichwahl qualifiziert, wobei mangels sozialistischer Mehrheit und der exponierten Stellung der Letzteren die Mandate in allen Fällen in Modell A an die Mehrheitssozialdemokraten und in Modell B an die Deutsch-Nationalen gehen. Für diese Entscheidung spricht trotz der durchaus starken Stellung der SPD in allen vier Reichstagswahlkreisen auch, dass dort seit der Jahrhundertwende nur konservative oder antisemitische Bewerber ins Parlament gewählt worden sind; am weitesten links stand ein Vertreter der Freikonservativen

Im Reichstagswahlkreis Ost- und Weststernberg erreichten die SPD 45,7 % und die DNVP 22,9 %. Die DDP folgte mit 22,6 % oder nur 117 Stimmen Rückstand, die USPD fand lediglich 24 Wähler. Zu beachten ist hier, dass es statt der DNVP die DDP bei nur wenigen sich anders entscheidenden Wahlberechtigten in die Stichwahl hätte schaffen können und dann vermutlich auch den Abgeordneten gestellt hätte.

Im Reichstagswahlkreis Königsberg in der Neumark entschieden sich 46,1 % der Wähler für die SPD und 28,9 % für die DNVP. Es folgte die DDP mit 21,7 %, die Sozialisten kamen auf zusammen 47,1 %.

Im Reichstagswahlkreis Züllichau-Krossen erhielten die SPD 47,3 % und die DNVP 26,1 %. Die DDP folgte mit 17,7 %, die USPD fand lediglich 16 Wähler.

Im Reichstagswahlkreis Arnswalde-Friedeberg ging die Hauptwahl am knappsten aus: Die SPD verpasste die absolute Mehrheit und damit das sichere Mandat um nur wenige Dutzend Wahlzettel und kam auf 49 %. Die DNVP erreichte immerhin 38,4 %, gefolgt von der DDP mit 11,6 %. Die USPD wurde jedoch von nur siebzehn Personen gewählt.

In Modell A gehen damit sämtliche zehn im Regierungsbezirk Frankfurt/Oder zu vergebenden Mandate an die SPD. Im Modell B dagegen kommen der SPD nur sechs Parlamentssitze zu, wohingegen die DNVP definitiv nicht mehr als vier erhalten hätte.

Wahlkreis 7: Provinz Pommern

Der Wahlkreis 7 umfasste das Gebiet der 14 Reichstagswahlkreise der Provinz Pommern. Bei der Wahl zur Nationalversammlung gingen DNVP, DVP und CVP eine Listenverbindung ein.

Im Falle der Reichstagswahlkreise Randow-Greifenhagen und Stadt Stettin konnten die Statistiker die Ergebnisse nicht trennen. Insgesamt erreichte die SPD hier 47,2 %, gefolgt von der DDP mit 21,3 %, der DVP mit 13,2 % und der DNVP mit 12,1 %. Die sozialistischen Parteien kamen zusammen auf 53,1 %. Randow-Greifenhagen war 1903 im ersten Wahlgang mit 50,1 % an die SPD gegangen, 1907 in einer Stichwahl mit 55,4 % von den Konservativen gegen die Sozialdemokraten gewonnen und von Letzteren 1912 mit 51 % wieder im ersten Wahlgang erobert worden. Im Reichstagswahlkreis Stadt Stettin hatten die Sozialdemokraten 1903 die Freisinnigen in einer Stichwahl mit 55,6 % besiegt, wohingegen 1907 die Letzteren eine Neuauflage des Duells mit 54,2 % gewannen. 1912 wurde die Stadt von der SPD im ersten Wahlgang mit 51,6 % erobert. 1919 hätte es dagegen zumindest in einem Reichstagswahlkreis zu einer Stichwahl kommen müssen, und zwar, unter Zugrundelegung der Vorkriegsergebnisse, in Stadt Stettin voraussichtlich mit der DDP oder in Randow-Greifenhagen mit der DDP oder der DVP. Insgesamt schnitten die Sozialisten aber besser ab als sieben Jahre zuvor, weshalb für Modell A von zwei SPD-Mandaten ausgegangen werden kann. In Modell B erhält die SPD dagegen nur einen Sitz in Stadt Stettin, da die Partei hier vor dem Krieg einen besseren Stand hatte. Für Randow-Greifenhagen wird aufgrund der starken Stellung der Linksliberalen in der Stadt Stettin vor dem Krieg angenommen, dass die Stichwahl gegen die DVP, die insgesamt um 2111 Stimmer besser abschnitt als die DNVP, erfolgt wäre und die Nationalliberalen das Mandat errungen hätten. Freilich können bei entsprechender Stimmenverteilung auch eine Stichwahlteilnahme und ein nachfolgender Sieg der DDP nicht ausgeschlossen werden.

In den übrigen zwölf Reichstagswahlkreisen hätte sich nur in einem Fall eine absolute Mehrheit in der Hauptwahl ergeben, indem die SPD 55 % in Ueckermünde-Usedom-Wollin holte. Immerhin hätte sie es in jede fällig werdende Stichwahl geschafft, wobei ihr drei Mal die DDP und sogar acht Mal die DNVP gegenübergestanden hätte. Letztere Konstellation hätte in der Regel dazu geführt, dass das jeweilige Mandat in Modell A an die SPD und in Modell B an die Deutsch-Nationalen geht, da einerseits eine sozialistisch-linksliberale Mehrheit bestand, andererseits die betreffenden Reichstagswahlkreise seit der Jahrhundertwende stets an konservative oder antisemitische Bewerber gegangen waren und das Verhalten der linksliberalen Wählerschaft nicht eindeutig vorhersagbar ist.

Im Reichstagswahlkreis Stolp-Lauenburg kamen die SPD auf 41,4 % und die DNVP auf 24,6 %. Es folgten die DDP mit 20,7 % und die DVP mit 12 %, die sozialistischen Parteien kamen auf zusammen 41,6 %. Die sozialistisch-linksliberale Mehrheit betrug 62,3 %.

Im Reichstagswahlkreis Bütow-Rummelsburg-Schlawe erreichten die SPD 38,1 % und die DNVP 32,5 %. Es folgte die DDP mit 21,9 %, die USPD fand nur 61 Wähler. Die sozialistisch-linksliberale Mehrheit betrug 60,1 %.

Im Reichstagswahlkreis Demmin-Anklam erhielten die SPD 37,8 % und die DNVP 27,5 %. Es folgten die DDP mit 19,8 % und die DVP mit 14,4 %. Die USPD fand nur einen Wähler, die sozialistisch-linksliberale Mehrheit betrug 57,6 %.

Im Reichstagswahlkreis Pyritz-Saatzig fielen der SPD 35 % und der DNVP 31,1 % der Stimmen zu. Es folgte die DDP mit 23,5 %, die USPD fand nur 45 Wähler. Die sozialistisch-linksliberale Mehrheit betrug 58,5 %.

Im Reichstagswahlkreis Belgard-Schivelbein-Dramburg erwies sich dagegen die DNVP mit 38,4 % immerhin als stärkste Kraft, die SPD erlangte 33,8 %. Es folgte die DDP mit 18,4 %, wohingegen die USPD überhaupt nicht gewählt wurde. Die sozialdemokratisch-linksliberale Mehrheit betrug 52,2 %.

Noch stärker war der Rückhalt speziell für die Deutsch-Nationalen im Reichstagswahlkreis Naugard-Regenwalde mit 41,8 %, die SPD kam nur auf 32,5 %. Es folgte die DDP mit 19,8 %, die USPD erhielt lediglich 89 Stimmen. Gleichwohl bestand auch hier eine sozialistisch-linksliberale Mehrheit über 52,5 %.

In den beiden verbleibenden Stichwahlen mit der DNVP erscheinen die Mehrheitssozialdemokraten dagegen chancenlos. Im Reichstagswahlkreis Greifenberg-Kammin kamen die DNVP auf 38,4 % und die SPD auf 31,5 %. Es folgten die DDP mit 16,9 % und die DVP mit 12,6 %. Für die USPD entschieden sich nur 16 Wähler, sodass eine DNVP-DVP-Mehrheit von 51 % bestand. Das Mandat kann daher als sicher für die DNVP betrachtet werden.

Komplizierter lagen die Verhältnisse im Reichstagswahlkreis Neustettin. Die SPD lag hier mit 37,4 % zwar wieder knapp vor der DNVP mit 35 %, allerdings folgten die DVP mit 14,4 % und die DDP mit 12,5 %. Da keine Stimmen für die USPD abgegeben wurden, standen sich SPD und DDP mit 49,9 % und DNVP und DVP mit 49,4 % im Grunde gleich stark gegenüber, die übrigen 222 Stimmen entfielen auf die CVP. Der Reichstagswahlkreis Neustettin war seit der Jahrhundertwende stets im ersten Wahlgang von den Konservativen gewonnen worden, und zwar 1903 mit 53,4 %, 1907 mit 67,8 %, 1912 mit 66,6 % sowie, was besonders wichtig ist, zuletzt bei einer Ergänzungswahlwahl am 8.11.1918, bei der lediglich Konservative und SPD angetreten waren, mit 74,7 %. Freilich war die Wahlbeteiligung in letzterem Fall kriegsbedingt besonders niedrig; dennoch kann nicht ignoriert werden, dass sich hier nur einen Tag vor der Absetzung Wilhelms II. noch ein klares Votum gegen die Sozialdemokraten ergeben hatte. Angesichts dessen erscheint es mehr als fragwürdig, dass die SPD in der Lage gewesen sein sollte, im ausreichenden Maße DDP- und CVP-Anhänger sowie Nichtwähler hinter sich zu bringen, um das Blatt noch zu wenden. Aufgrund des Ergebnisses vom 8.11.1918 sowie einer fehlenden sozialdemokratisch-linksliberalen Mehrheit wird auch dieser Sitz in beiden Modellen an die DNVP vergeben.

Definitiv chancenlos wäre die SPD in den drei Stichwahlen gegen die DDP gewesen. Im Reichstagswahlkreis Köslin-Kolberg-Körlin-Bublitz erreichten Erstere 35,7 % und Letztere 28,6 %. Es folgte die DNVP mit 25,7 %, die sozialistischen Parteien erhielten zusammen 36,4 %.

Im Reichstagswahlkreis Grimmen-Greifswald, entschieden sich 41,5 % der Wähler für die SPD und 24,2 % für die DDP. Es folgten die DNVP mit 22,9 % sowie die DVP mit 10,2 %, auf die sozialistischen Parteien entfielen zusammen 42 % der Stimmen.

Im Reichstagswahlkreis Rügen-Franzburg-Stralsund erhielten die SPD 42,1 % und die DDP 29,5 %. Es folgten die DNVP mit 15,2 % und die DVP mit 10,4 %, die sozialistischen Parteien kamen auf zusammen 44,1 %.

Im Wahlkreis 7 erhält die SPD in Modell A neun, die DDP drei und die DNVP zwei Sitze. In Modell B hingegen erweist sich die DNVP mit acht Mandaten als erfolgreichste Partei, gefolgt von der DDP mit drei, der SPD mit zwei und der DVP mit einem Abgeordneten.

Wahlkreis 8: Provinz Posen

Der eigentlich die Provinz Posen umfassende achte Wahlkreis stellt das größte Problem für die vorliegende Untersuchung dar, da das Aufeinandertreffen von polnischen und deutschen Demonstranten sowie der polnischen Untergrundorganisation Powstańcza Organizacja Wojskowa („Polnische Militärorganisation") am 26./27.12.1918 in der Provinzhauptstadt Poznań zu einem Aufstand führte, der bis zum 8.1.1919 fast die gesamte Provinz unter polnische Kontrolle brachte. Von diesem Zeitpunkt an gelang es einem ad hoc gebildeten deutschen „Grenzschutz", den polnischen Vormarsch zu stoppen. Die Kämpfe endeten jedoch erst am 7.2.1919, als unter alliierter Vermittlung ein Waffenstillstand vereinbart und eine Demarkationslinie festgelegt wurde.[18] Über die in der Zwischenzeit stattgefundenen Wahlen zur Nationalversammlung berichtet die amtliche Statistik:

„Hervorzuheben ist noch, daß der 8. Wahlkreis, Provinz Posen, insofern eine Sonderstellung einnimmt, als nur aus 1 184 von den 1 492 Stimmbezirken Wahlergebnisse vorliegen, und in diesen die Wahlbeteiligung zum Teil auch ganz außerordentlich gering gewesen ist. Über die Altersgliederung der Wahlberechtigten und der Wahlbeteiligten sind sogar nur aus 146 Stimmbezirken Angaben gemacht worden. Infolgedessen können die Ergebnisse aus dem 8. Wahlkreis [...] nicht mit den Ergebnissen aus den übrigen Wahlkreisen in Vergleich gestellt werden."[19]

Tatsächlich lag die Wahlbeteiligung bei gerade einmal 29,9 %. Auf die DNVP entfielen 34 % der Stimmen, gefolgt von der DDP mit 22,3 %, der DVP mit 17 %, der SPD mit 16,4 % und der

18 Vgl. HOENSCH, Jörg K.: Geschichte Polens, 2., neubearb. u. erw. Aufl., Stuttgart 1990, S. 254; SCHMIDT-RÖSLER, Andrea: Polen – Vom Mittelalter bis zur Gegenwart, Regensburg 1996, S. 146.
19 STATISTISCHES REICHSAMT: Wahlen 1919, S. 14.

CVP mit 10,4 %. Die USPD war nicht angetreten, es bestanden Listenverbindungen zwischen der DNVP und der CVP sowie der DDP und der DVP. Die Kandidatenliste der CVP enthielt, soweit erkennbar, keine polnischen Namen.

Aufgrund der gegebenen Situation war der achte Wahlkreis der einzige, für den 1919 keine Aufschlüsselung des amtlichen Ergebnisses nach den alten Reichstagswahlkreisen vorgenommen wurde, weshalb jede Prognose über die Mandatsverteilung nicht mehr als eine grobe Schätzung sein kann. Das gilt sogar für die Frage, wie viele Abgeordnete der Wahlkreis 8 überhaupt ins Parlament entsendet hätte. Für die Untersuchung wird angenommen, dass nur die Urnengänge in jenen Reichstagswahlkreisen akzeptiert worden wären, die sich gemäß der Demarkationslinie noch ganz oder teilweise auf deutscher Seite befanden. Zwar wäre es im Interesse Berlins gewesen, alle sechzehn der in der Provinz Posen zu vergebenden Mandate anzuerkennen, allerdings wird ebenfalls angenommen, dass dies als Provokation der Alliierten gewertet und deshalb unterlassen worden wäre.

Damit stellt sich die Frage, wo die Demarkationslinie genau verlief. Tatsächlich scheint das nie exakt festgelegt worden zu sein. Stattdessen wurde lediglich eine dem tagesaktuellen Frontverlauf vom 16.2.1919 entsprechende Linie in einer Karte eingezeichnet, die aber so breit war, dass bei einigen Orten nicht feststand, auf welcher Seite sie lagen.[20] Entsprechend sind auch die veröffentlichten Karten zur Demarkationslinie ausgesprochen grob.[21] Dennoch ist auszumachen, dass sich die folgenden neun Reichstagswahlkreise teils ganz, oft aber nur noch zu geringen Teilen auf der deutschen Seite befunden zu haben scheinen: Bromberg, Wirsitz-Schubin, Czarnikau-Kolmar i. P., Samter-Birnbaum-Obornik, Meseritz-Bomst, Fraustadt, Kroeben, Krotoschin und Adelnau-Schildberg. Um die Situation noch undurchsichtiger zu machen, weist eine polnische Karte[22] die Gebiete der letzten drei Reichstagswahlkreise eindeutig als vollständig auf der polnischen Seite der Demarkationslinie gelegen zu.

Für die Untersuchung wird nun angenommen, dass in der polnischen Karte lediglich vergessen wurde, den südlichen Grenzverlauf einzuzeichnen, und dass neun Stichwahlen stattgefunden hätten, in denen sich in Modell B als dem für die Sozialisten ungünstigsten Szenario stets die DNVP als Wahlsieger durchgesetzt hätte. In Modell A werden diese neun Mandate dagegen der DDP angerechnet.

Wahlkreis 9: Regierungsbezirk Breslau

Der Wahlkreis 9 umfasste das Gebiet der 13 Reichstagswahlkreise des Regierungsbezirks Breslau. Von diesen waren Stadt Breslau-Ost und Stadt Breslau-West durch die Wahlsystemreform vom Sommer 1918 zu einem Drei-Personen-Wahlkreis zusammengefasst worden. Listenverbindungen wurden bei den Wahlen zur Nationalversammlung nicht vorgenommen, die DVP kandidierte nicht.

Anders als in den bisherigen Fällen bereitet im Wahlkreis 9 gerade der Mehrpersonenwahlkreis Breslau Probleme, da die Statistiker das Ergebnis von Stadt Breslau-Ost und Stadt Breslau-West nicht von dem des Reichstagswahlkreises Landkreis Breslau-Neumarkt trennen konnten. In allen drei Reichstagswahlkreisen zusammen errang die SPD eine absolute Mehrheit von 54,5 %. Es folgten die CVP mit 15,7 %, die DDP mit 15,2 % und die DNVP mit 14,3 %, die sozialistischen Parteien kamen auf zusammen 54,7 %. In Stadt Breslau-Ost war es 1903 zu einer Stichwahl zwischen Konservativen und Sozialdemokraten gekommen, welche Letztere mit 54,2 % gewannen. 1907 dagegen setzten sich die Freikonservativen mit 57 % bereits im ersten Wahlgang durch, woraufhin die SPD das Mandat 1912 in einer Stichwahl gegen die Nationalliberalen mit 53,8 % zu-

20 Vgl. Lorenz, Torsten: Von Birnbaum nach Międzychód – Bürgergesellschaft und Nationalitätenkampf in Großpolen bis zum Zweiten Weltkrieg (= Frankfurter Studien zur Wirtschafts- und Sozialgeschichte Ostmitteleuropas, Bd. 10), Berlin 2005, S. 210.

21 Ich beziehe mich in dieser Untersuchung auf die Fassung in Vogt, Dietrich, mit einer Einführung von Rhode, Gotthold: Der Großpolnische Aufstand 1918/1919 – Bericht, Erinnerungen, Dokumente, Marburg/Lahn 1980, S. Abb. 6a.

22 Zu finden ebd., Abb. 6b.

rückeroberte. Stadt Breslau-West war seit der Jahrhundertwende stets im ersten Wahlgang erobert worden, 1903 von der SPD mit 53,8 %, 1907 von den Linksliberalen mit 51,6 % und 1912 erneut von der SPD mit 58 %. In Landkreis Breslau-Neumarkt hatten sich hingegen stets die Konservativen durchgesetzt, und zwar 1903 im ersten Wahlgang mit 57,9 %, 1907 in einer Stichwahl gegen die SPD mit 72,1 % und 1912 in einer Neuauflage dieses Duells mit 57,4 %. Unter diesen Umständen sind die Ergebnisse des Zentrums von Interesse, das bei seiner letzten Kandidatur in Stadt Breslau-Ost 1898 13,8 % der Stimmen erhalten hatte, bei seiner ebenfalls 1898 letzten Kandidatur in Stadt Breslau-West 8,8 %, im Landkreis Breslau-Neumarkt dagegen 1898 22,6 %, 1907 24,1 % und 1912 19,2 %; 1903 war es nicht angetreten. Es kann daher davon ausgegangen werden, dass die CVP ihren Schwerpunkt auch 1919 im Reichstagswahlkreis Landkreis Breslau-Neumarkt und nicht in der Stadt Breslau hatte, womit sie das insgesamt schwächere Ergebnis von DDP und DNVP hier überboten haben dürfte. Es wird daher in beiden Modellen davon ausgegangen, dass die SPD aufgrund ihrer Stärke zwei Mandate im Drei-Personen-Wahlkreis Breslau erobert hätte, wohingegen der vermutlich in der Stadt konzentrierten DDP das dritte Mandat zugefallen wäre. Für den Reichstagswahlkreis Landkreis Breslau-Neumarkt ist aus den genannten Gründen von einer Stichwahl zwischen SPD und CVP auszugehen, welche im Modell A von Ersterer, in Modell B von Letzterer gewonnen wird.

Diese beiden Parteien hätten zudem jeweils zwei der übrigen zehn im Regierungsbezirk Breslau zu vergebenden Mandate sicher gehabt, denn die Mehrheitssozialdemokraten holten 1919 die absolute Mehrheit in Reichenbach-Neurode mit 56,9 % und in Waldenburg mit 67,3 %, die CVP in Frankenstein-Münsterberg mit 57,7 % und in Glatz-Habelschwerdt mit 64,1 %.

In vier weiteren Reichstagswahlkreisen wäre es zu einer Stichwahl zwischen den Mehrheitssozialdemokraten und den Deutsch-Nationalen gekommen, wobei aufgrund fehlender sozialistischer, aber bestehender sozialistisch-linksliberaler Mehrheiten sowie angesichts der exponierten politischen Stellung der DNVP das Mandat in Modell A stets der SPD, in Modell B stets den Deutsch-Nationalen zugesprochen wird. Im Reichstagswahlkreis Guhrau-Steinau-Wohlau erreichten Erstere 34,8 % und Letztere 24,1 % der Stimmen. Es folgten die DDP mit 22,9 % und die CVP mit 17,7 %, die USPD wurden von nur sechs Personen gewählt. Seit dem Beginn des 20. Jahrhunderts war der Wahlkreis stets im ersten Wahlgang von den Konservativen erobert worden, und zwar 1903 mit 55,2 %, 1907 mit 66,6 % und 1912 mit 59,9 %. Die sozialistisch-linksliberale Mehrheit betrug 57,8 %.

Im Reichstagswahlkreis Wartenberg-Oels kamen die SPD auf 37,8 % und die DNVP auf 26,7 %. Es folgten die CVP mit 17,8 % und die DDP mit 17,7 %, die USPD wurde von fünf Personen gewählt. Die sozialistisch-linksliberale Mehrheit betrug 55,5 %.

Im Reichstagswahlkreis Ohlau-Nimptsch-Strehlen war die Situation insofern anders, als eine deutlich bessere Ausgangssituation für die Mehrheitssozialdemokraten bestand. Die SPD erreichte hier 47,6 %, die DNVP 20 %. Es folgten die CVP mit 18 % und die DDP mit 14,3 %, die USPD kam auf 13 Wähler. Angesichts der relativen Stärke der SPD bestand denn auch eine deutlichere sozialistisch-linksliberale Mehrheit von 62 %, die einen DNVP-Wahlsieg wie in Modell B zwar unwahrscheinlich macht, aber nicht ausgeschlossen werden lässt.

Ähnlich lagen die Verhältnisse im Reichstagswahlkreis Striegau-Schweidnitz. Hier waren die SPD mit 48,4 % sogar noch etwas stärker und die DNVP mit 17,4 % sogar noch etwas schwächer, die sozialistisch-linksliberale Mehrheit mit 65,3 % noch etwas größer. Der entscheidende Unterschied zu Ohlau-Nimptsch-Strehlen lag in der übrigen Stimmenverteilung: Die USPD fand lediglich 34 Wähler, für die DDP entschieden sich 16,8 % und für die CVP 17,3 % – damit lag die Christliche Volkspartei nur 61 Stimmen hinter den Deutsch-Nationalen, hätte also bei wenigen sich anders entscheidenden Wahlberechtigten an deren Statt in die Stichwahl einziehen können. Das Verhalten der Anhänger der anderen Parteien wäre freilich auch in diesem Fall unvorhersehbar, sodass auch in Striegau-Schweidnitz in Modell A ein SPD-Sieg als der für die Sozialisten günstigste und in Modell B ein DNVP-Sieg als der für sie ungünstigste Ausgang angenommen wird. Auf einen potenziell mögliches CVP-Mandat muss jedoch zumindest verwiesen werden.

Die verbleibenden zwei Reichstagswahlkreise wären beide an die DDP gegangen, da die Linksliberalen es hier bei fehlenden sozialistischen Mehrheiten in die Stichwahl gegen die SPD geschafft hätten. Das gilt, obwohl Letztere im Reichstagswahlkreis Namslau-Brieg mit 42 % relativ gut abschnitten und Erstere nur auf 21,1 % der Stimmen kamen. Es folgten die DNVP mit 20,1 % und die CVP mit 16,7 %, die USPD wurde jedoch nicht gewählt.

Im Reichstagswahlkreis Militsch-Trebnitz war die SPD mit 33,7 % erst recht weit vom Mandatsgewinn entfernt. Die DDP kam auf hier 26,3 %, es folgten die DNVP mit 24,3 % und die CVP mit 17,7 %. An USPD-Wählern gab es im gesamten Reichstagswahlkreis nur einen einzigen.

Im Wahlkreis 9 kommen der SPD in Modell A neun, der DDP drei und der CVP zwei Mandate zu, in Modell B erhalten SPD und DNVP jeweils vier sowie DDP und CVP jeweils drei.

Wahlkreis 10: Regierungsbezirk Oppeln

Der Wahlkreis 10 umfasste das Gebiet der zwölf Reichstagswahlkreise des Regierungsbezirks Oppeln. Zwei davon, Beuthen-Tarnowitz und Kattowitz-Zabrze (im Gesetz als Wahlkreise Königshütte und Hindenburg bezeichnet), sind infolge der Wahlsystemreform im Sommer 1918 in Zwei-Personen-Wahlkreise umgewandelt worden. Die Christliche Volkspartei trat bei den Wahlen zur Nationalversammlung unter der Bezeichnung Katholische Volkspartei an, die DVP kandidierte nicht, Listenverbindungen wurden nicht eingegangen.

Auch in Oberschlesien muss die Möglichkeit einer Wahlenthaltung der Polen wenigstens teilweise in Betracht gezogen werden, was sich dann vor allem nachteilig für das Votum der Katholischen (Christlichen) Volkspartei ausgewirkt haben dürfte. Gegen einen Boykott größeren Stils spricht aber nicht nur die hohe Zahl an abgegebenen Stimmen auch im östlichen Oberschlesien, sondern zudem der Umstand, dass die Katholische Volkspartei gleich sieben Reichstagswahlkreise schon im ersten Wahlgang erobern konnte: Pleß-Rybnik mit 50,4 %, Groß Strehlitz-Kosel mit 51,1 %, Ratibor mit 58 %, Falkenberg-Grottkau mit 61,6 %, Neiße und Neustadt in Oberschlesien mit jeweils 61,8 % sowie Leobschütz mit 71,2 %.

In Beuthen-Tarnowitz und Kattowitz-Zabrze lag die Katholische Volkspartei immerhin noch knapp vor der SPD, sodass beide Parteien in den beiden Zwei-Personen-Wahlkreisen jeweils ein Mandat erhalten hätten. In Beuthen-Tarnowitz kam die Katholische Volkspartei auf 43,5 % und in Kattowitz-Zabrze auf 32 %, die SPD auf 38,2 % respektive 29,7 %. Wäre die Wahlsystemreform vom Sommer 1918 ausgeblieben, wäre Kattowitz-Zabrze für die SPD wohl sicher gewesen, da die sozialistischen Parteien hier zusammen 51,7 % der Stimmen erhielten und unklar ist, inwieweit die übrigen Parteien angesichts der Ereignisse in der Provinz Posen für einen katholischen Bewerber gestimmt hätten. Für Beuthen-Tarnowitz lässt sich angesichts der Stärke der Katholischen Volkspartei sowie der fehlenden sozialistischen Mehrheit dagegen keine Prognose über den Ausgang der Wahl anstellen.

In den drei verbleibenden Reichstagswahlkreisen wäre es jeweils zu Stichwahlen zwischen der SPD und der Katholischen Volkspartei gekommen. Nur einmal hätten Erstere dabei deutlich in Führung gelegen, und zwar in Kreuzburg-Rosenberg mit 38,2 % gegen 26,8 %. Es folgten die DNVP mit 22,8 % und die DDP mit 12,1 %, auf die USPD entfielen nur zehn Stimmen. Der Wahlkreis war von den Konservativen 1903 mit 90,7 % und 1907 mit 56 % jeweils bereits im ersten Wahlgang erobert worden, 1912 setzten sie sich mit 58,4 % in einer Stichwahl gegen einen polnischen Kandidaten durch. Gerade deshalb ist es schwer vorherzusagen, ob in der Stichwahl die SPD oder die Katholische Volkspartei das Rennen gemacht hätte, sodass Kreuzburg-Rosenberg in Modell A der Ersteren, in Modell B der Letzteren zugeschrieben wird.

Im Reichstagswahlkreis Oppeln lag die SPD nur ausgesprochen knapp mit 44 % vor der Katholischen Volkspartei mit 42,4 %. Ähnlich eng war der Abstand von nur 72 Stimmen zwischen der drittplatzierten DNVP und der DDP, die USPD musste sich mit 22 Wählern begnügen. Den Reichstagswahlkreis hatte 1903 das Zentrum im ersten Wahlgang mit 58,3 % gewonnen. 1907 kandidierte erstmals ein polnischer Kandidat, der Oppeln mit 54,6 % in der Hauptwahl eroberte. 1912 kam es zu einer Stichwahl zwischen ihm und dem Herausforderer vom Zentrum, den der polnische Kandidat mit 51,6 % knapp für sich entschied. Auch hier ist eine weitere Prognose über das Wahlergebnis daher nicht möglich und wird in Modell A von einem Sieg der SPD, in Modell B von einem der Katholischen Volkspartei ausgegangen.

Im Reichstagswahlkreis Lublinitz-Tost-Gleiwitz kehrten die Verhältnisse schließlich um: Hier führte die Katholische Volkspartei mit 43,3 % knapp vor der SPD mit 42,6 %. Allerdings war die DDP deutlich stärker als die DNVP, die sozialistischen Parteien kamen auf zusammen 43,1 %. Seit der Jahrhundertwende hatten die knappen Mehrheiten im Reichstagswahlkreis stetig gewechselt: 1903 war Lublinitz-Tost-Gleiwitz trotz der Kandidatur eines polnischen Bewerbers bereits im ersten Wahlgang mit 51 % an das Zentrum gegangen – dessen Kandidat war allerdings der prominente Reichstagspräsident Franz von Ballestrem –, 1907 setzte sich dagegen der polnische Kandidat in einer Stichwahl gegen das Zentrum mit 53,6 % durch. 1912 konnte dann wieder das Zentrum die Stichwahl gegen den polnischen Kandidaten mit 51,4 % gewinnen, ehe am 6. oder 13.6.1918 in einer Ergänzungswahl der ausgesprochen populäre und nationalpolnische Adalbert Korfanty seinen einzigen, vom Zentrum aufgestellten Gegner mit 62,5 % besiegte.[23] Allerdings war Korfanty vom Zentrum ein Bewerber entgegengestellt worden, der kurioserweise kein Polnisch sprach, dafür aber von National- wie Linksliberalen unterstützt wurde, wohingegen die Sozialdemokraten zur Wahl des Polen aufriefen.[24] Entsprechend ist eine Prognose über das Wahlergebnis erneut unmöglich, sodass wieder in Modell A das Mandat der SPD, in Modell B der Katholischen Volkspartei gegeben wird.

Im Wahlkreis 10 gehen in Modell A neun Mandate an die Katholische Volkspartei, die der CVP angerechnet werden, und fünf Mandate an die SPD, in Modell B dagegen zwölf Mandate an die Katholische Volkspartei/CVP und nur zwei an die SPD.

Wahlkreis 11: Regierungsbezirk Liegnitz

Der Wahlkreis 11 umfasste das Gebiet der zehn Reichstagswahlkreise des Regierungsbezirks Liegnitz. Bei den Wahlen zur Nationalversammlung bildeten DNVP, CVP und DDP eine Listenverbindung, die DVP trat nicht an.

Fast sämtliche Reichstagswahlkreise im westlichen Niederschlesien wären in ausgesprochen knappen Wahlen entschieden worden. Vier Mandate hätte die SPD bereits im ersten Wahlgang erobern können, und zwar das in Sagan-Sprottau mit 50,3 %, das in Grünberg-Freistadt mit 51,6 %, das in Görlitz-Lauban mit 56,1 % und das in Rothenburg-Hoyerswerda mit 61,4 %.

In den übrigen sechs Reichstagswahlkreisen wäre sie jedoch chancenlos gewesen, zum Einen, weil die USPD im gesamten Regierungsbezirk nur auf 42 Stimmen kam, und zum Anderen, weil die DDP überall den zweiten Platz belegte. Im Reichstagswahlkreis Liegnitz-Goldberg-Hainau wäre der Ausgang noch am engsten gewesen, hätte die SPD das Mandat mit 49,7 % der Wahlzettel doch nur hauchdünn verpasst. Die DDP kam auf 27,3 %, es folgte die DNVP mit 16,8 %, für die USPD stimmten lediglich acht Personen.

Beinahe ebenso knapp hätte der SPD-Bewerber das Mandat im Reichstagswahlkreis Lüben-Bunzlau verpasst. Die Mehrheitssozialdemokraten kamen hier auf 49,4 %, die DDP auf 27,5 %. Es folgte die DNVP mit 15,6 %, die USPD erhielt 9 Stimmen.

Im Reichstagswahlkreis Schönau-Hirschberg kam die SPD dagegen schon auf nur 46,8 % und die DDP auf 34,5 %. Es folgte die DNVP mit 10,3 %, die USPD wurde hier nicht gewählt.

Im Reichstagswahlkreis Landeshut-Jauer-Bolkenhain erreichten die SPD 45,2 % und die

---

23 Reibel datiert den Urnengang auf den 6., Kotowski auf den 13.6. Letzterer bemerkt, dass Korfantys hiesige Kandidatur aufgrund seiner nationaldemokratischen Einstellung für die Zeitgenossen überraschend war, vermutet aber, dass gerade sein scharfes Eintreten für die polnischen Interessen im preußischen Abgeordnetenhaus die Grundlage für seinen Wahlsieg bildete. Vgl. KOTOWSKI: Zwischen Staatsräson und Vaterlandsliebe, S. 80.

24 Vgl. REIBEL: Handbuch, Bd. 1, S. 397.

DDP 23 %. Es folgten die CVP mit 18,8 % und die DNVP mit 13,1 %, die USPD wurde hier nicht gewählt.

Im Reichstagswahlkreis Glogau stimmten 41,6 % der Wähler für die SPD und 22,2 % für die DDP. Es folgten die CVP mit 19 % und die DNVP mit 17,2 %. Die USPD wurde hier nicht gewählt.

Im Reichstagswahlkreis Löwenberg schließlich hätte es die DDP beinahe geschafft, stärkste Kraft zu werden: Sie wäre mit 31,7 % in die Stichwahl gekommen, die SPD erhielt 35,6 %. Es folgten die CVP mit 19,9 % und die DNVP mit 12,8 %, die USPD wurde nur von vier Personen gewählt.

Damit wären der DDP im Regierungsbezirk Liegnitz sechs und der SPD vier Mandate sicher gewesen. Allenfalls angemerkt werden kann, dass den Sozialisten im Reichstagswahlkreis Liegnitz-Goldberg-Hainau lediglich 237 und im Reichstagswahlkreis Lüben-Bunzlau nur 257 Wahlzettel zur absoluten Mehrheit fehlten.

Wahlkreis 12: Anhalt sowie der Regierungsbezirk Magdeburg

Der Wahlkreis 12 umfasste das Gebiet der acht Reichstagswahlkreise des Regierungsbezirks Magdeburg sowie der beiden Reichstagswahlkreise Anhalts. Auf seinem Territorium lag auch eine Exklave des braunschweigischen Reichstagswahlkreises Helmstedt-Wolfenbüttel, doch wird dessen Ergebnis mit dem des übrigen Braunschweigs im Kapitel zu Wahlkreis 16 untersucht. Bei der Wahl zur Nationalversammlung gingen DNVP, DVP, CVP und DDP im zwölften Wahlkreis eine Listenverbindung ein.

Von den insgesamt zehn Reichstagswahlkreisen wären sieben bereits im ersten Wahlgang von der SPD erobert worden. Im Regierungsbezirk Magdeburg erhielten die Mehrheitssozialdemokraten in Osterburg-Stendal 51,6 %, in Jerichow I und II sowie Oschersleben-Halberstadt-Wernigerode jeweils 59,2 %, in Aschersleben-Kalbe 64,2 % und in Wolmirstedt-Neuhaldensleben 69,3 %. Zudem fiel der SPD die Stimmenmehrheit in beiden anhaltischen Reichstagswahlkreisen zu, in Dessau-Zerbst mit 55 % und in Bernburg-Ballenstedt mit 60,3 %.

Erfolglos wären die Mehrheitssozialdemokraten dagegen im Reichstagswahlkreis Salzwedel-Gardelegen geblieben. Hier genügte es nicht einmal zu einer sozialistischen Mehrheit, stattdessen hätte die DDP das Mandat beinahe im ersten Wahlgang mit 46,1 % geholt. Die SPD schaffte es mit 33 % immerhin noch in die Stichwahl. Es folgte die DNVP mit 17,7 %, die USPD wurde von nur vier Personen gewählt. Damit wäre der in Salzwedel-Gardelegen zu vergebende Parlamentssitz für die DDP sicher gewesen.

Im Falle der beiden verbleibenden Reichstagswahlkreise Stadt Magdeburg und Wanzleben war den Statistikern eine Trennung der Wahlergebnisse nicht möglich. Die SPD erreichte hier insgesamt 61,6 % der Stimmen, es folgte die DDP mit 22,5 %, die Sozialisten kamen auf zusammen 67,4 %. Die Stadt Magdeburg war 1903 von den Sozialdemokraten in einer Stichwahl mit 52,3 % gegen die Nationalliberalen gewonnen worden, ging 1907 mit 51,1 % an einen parteilosen, aber von den nichtsozialistischen Parteien unterstützten Bewerber und 1912 mit 54,6 % wieder an die SPD. Im Reichstagswahlkreis Wanzleben hatten sich 1903 die Nationalliberalen in einer Stichwahl gegen die Sozialdemokraten mit 50,9 % der Stimmen durchgesetzt, 1907 bestritt ein Vertreter der Mittelstandspartei die Stichwahl gegen die SPD mit 51,8 %, ehe Letztere das Mandat 1912 mit 57,1 % eroberte. Angesichts des hohen Wahlergebnisses der SPD allein und des außerordentlichen starken Abschneidens der sozialistischen Parteien insgesamt sowie der klaren Präferenz der umgebenden Reichstagswahlkreise werden beide Mandate der SPD zugewiesen.

Der zwölfte Wahlkreis entsendet damit in beiden Modellen neun Vertreter der SPD sowie einen der DDP.

Der Wahlkreis 13 umfasste das Gebiet der acht Reichstagswahlkreise des Regierungsbezirks Merseburg. Bei der Wahl zur Nationalversammlung bestanden drei Listenverbindungen: Zunächst waren die Listen der Deutschen Beamten-, Angestellten- und Mittelstandspartei sowie diejenige der DVP miteinander verbunden worden. Dieses Bündnis wurde nochmal mit den Listen von DNVP und CVP verbunden. Eine dritte, davon unabhängige Listenverbindung gingen SPD und USPD ein.

Die letztere Partei war die einzige, die bereits im ersten Wahlgang ein Mandat erobert hätte, und zwar den Reichstagswahlkreis Mansfelder See- und Gebirgskreis mit 63,4 % der Stimmen.

Die Unabhängigen Sozialdemokraten hätten es auch als stärkste Kraft in die Stichwahl im Reichstagswahlkreis Liebenwerda-Torgau geschafft, doch wäre ihnen das Mandat verwehrt geblieben. Ihr Stichwahlgegner wäre nämlich die SPD mit 27,6 % gewesen. Es folgten die DDP mit 26 % und die DNVP mit 13,3 %. Angesichts des nur geringen Vorsprungs der USPD vor der SPD von lediglich 408 Stimmen ist davon auszugehen, dass die Anhänger der nichtsozialistischen Parteien in der Stichwahl der SPD als der gemäßigten Option zum Sieg verholfen hätten.

Eine ähnliche Konstellation kam auch im Reichstagswahlkreis Sangerhausen-Eckartsberga zustande, wo die USPD immerhin mit einem deutlich größeren Abstand in die Stichwahl gegen die SPD gemusst hätte: Die Unabhängigen Sozialdemokraten erhielten 35,8 % der Stimmen, die Mehrheitssozialdemokraten nur 24,4 %. Es folgten die DDP mit 22,9 % und die DNVP mit 11,7 %. Auch hier kann davon ausgegangen werden, dass die Linksliberalen letztlich der gemäßigten SPD zum Mandat verholfen hätten.

In den übrigen fünf Reichstagswahlkreisen wäre es dagegen zu einem Aufeinandertreffen von USPD und DDP gekommen, was die Vorhersage für den Ausgang der Stichwahl in einigen Fällen erheblich erschwert und das Mandat in der Regel in Modell A der USPD, in Modell B der DDP zuweisen lässt. Für eine solche Entscheidung spricht auch, dass die Sozialdemokraten seit der Jahrhundertwende nur in zwei Reichstagswahlkreisen das Mandat in der Hauptwahl (Saalkreis-Halle a. S. 1903 51,2 %, 1909 54,2 %, 1912 53 %, Naumburg-Weißenfels-Zeitz 1903 53,3 %, 1912 51,2 %) und nur einmal in der Stichwahl (Bitterfeld-Delitzsch 1912 54,3 %) erobern konnten. Dennoch wäre der Parlamentssitz für die DDP einzig in Schweinitz-Wittenberg, wo die Linksliberalen 32,1 % erhielten, völlig sicher gewesen. Die USPD erreichte 25,1 %, es folgten die SPD mit 21,4 % und die DNVP mit 15,5 %. Angesichts einer klaren sozialistischen Minderheit von 46,5 % wäre die USPD chancenlos gewesen.

In den verbleibenden vier Reichstagswahlkreisen ergab sich jedoch eine sozialistische Mehrheit, sodass die Wahrscheinlichkeit für einen Sieg der Unabhängigen Sozialdemokraten von ihrer eigenen Stärke sowie dem Wahlverhalten der SPD-Anhänger abhängig gewesen wäre. In Bitterfeld-Delitzsch, wo sie das Mandat mit 49,5 % der Stimmen hauchdünn verpasste, war der USPD der Parlamentssitz nahezu sicher. Die DDP kam hier auf 23,4 %, es folgten die SPD mit 12,6 % und die DNVP mit 11,7 %, die sozialistische Mehrheit betrug 62 %.

Im Reichstagswahlkreis Saalkreis-Stadt Halle a. S. lagen die Verhältnisse nur geringfügig anders. Die USPD holte hier 47,3 % der Stimmen, die DDP 24,4 %. Es folgten die SPD mit 14,2 % und die DNVP mit 11,6 %, die sozialistische Mehrheit betrug 61,5 %.

Im Reichstagswahlkreis Querfurt-Merseburg kamen die USPD auf 47 % und die DDP auf 28,4 %. Es folgte die SPD mit 12,6 %, die sozialistische Mehrheit betrug 59,6 %.

Im Reichstagswahlkreis Naumburg-Weißenfels-Zeitz erlangten die USPD 42,4 % und die DDP 23 %. Es folgten die SPD mit 18 % und die DNVP mit 12,8 %, die sozialistische Mehrheit betrug 60,4 %.

Damit entsendet der Wahlkreis 13 in Modell A fünf Abgeordnete der USPD, zwei der SPD und einen der DDP ins Parlament, in Modell B fünf Vertreter der DDP, zwei der SPD und einen der USPD.

Der Wahlkreis 14 umfasste das Gebiet der zehn Reichstagswahlkreise der Provinz Schleswig-Holstein sowie das zu Oldenburg gehörige Fürstentum[25] Lübeck. Da Letzteres einen Teil des Reichstagswahlkreises Oldenburg-Lübeck-Birkenfeld bildete, wird es mit diesem im Kapitel zum Wahlkreis 15 behandelt werden. Der Reichstagswahlkreis Kiel war durch die Wahlsystemreform vom Sommer 1918 in einen Zwei-Personen-Wahlkreis umgewandelt worden. Bei den Wahlen zur Nationalversammlung bestanden zwei Listenverbindungen, zum Einen zwischen DNVP und CVP, zum Anderen zwischen DVP, DDP und der Schleswig-Holsteinischen Bauern- und Arbeiterdemokratie.

Zu beachten ist im Falle Schleswig-Holsteins die gerade im Norden starke dänische Minderheit, deren Kandidaten im Reichstagswahlkreis Hadersleben-Sonderburg seit der Jahrhundertwende zwischen 63,4 % (1907) und 65 % (1912), in Apenrade-Flensburg zwischen 13,5 % (1907) und 14,8 % (1903) sowie in Tondern-Husum-Eckernförde zwischen 9,6 % (1907 und 1912) und 11,7 % (1903) der Stimmen erhalten hatten. Da bei den Wahlen zur Nationalversammlung keine explizit dänische Liste als Wahlvorschlag eingereicht wurde, ist hier mit einem Wahlboykott seitens der dänischen Minderheit zu rechnen, wofür auch die ausgesprochen geringe Zahl gültiger Stimmen im erstgenannten Reichstagswahlkreis spricht.[26]

Im Zwei-Personen-Wahlkreis Kiel, dem Ort des die Novemberrevolution initiierenden Matrosenaufstands, erlangte die SPD eine denkbar knappe Stimmenmehrheit von 50,1 %, sodass sie das hier zu vergebende Mandat auch dann gewonnen hätte, wenn es zu keinerlei Wahlsystemreform gekommen wäre. So wäre allerdings der zweite Vertreter des Kieler Reichstagswahlkreises nicht von den Sozialisten gestellt worden, sondern an die Listenverbindung der Liberalen gegangen, für die sich 36,4 % der Wähler entschieden. Mit 22,6 % hätte die DDP diesen Abgeordneten entsenden dürfen. Nur am Rande sei erwähnt, dass die Sozialisten hier zusammen 55,5 % der Stimmen erhielten, der Reichstagswahlkreis aber auch weit über die Stadtgrenzen Kiels hinausreichte.[27]

Noch erfolgreicher als im Kieler Raum schnitt die SPD in Westholstein ab, allerdings ist ihr Erfolg hier schwerer zu verorten, da die Ergebnisse der Reichstagswahlkreise Pinneberg-Segeberg (ohne Stadt) und Altona-Stormarn von den Statistikern nicht getrennt werden konnten. Insgesamt erhielten die SPD hier 51,8 % und die DDP 27,1 %, die sozialistischen Parteien kamen auf zusammen 56,4 %. Pinneberg-Segeberg (ohne Stadt) war 1903 zunächst im ersten Wahlgang mit 52,4 % an die SPD gegangen, um 1907 und 1912 dann in Stichwahlen gegen die Linksliberalen verloren zu gehen, welche 54,5 % respektive 51,7 % erhielten. Altona-Stormarn bildete dagegen schon seit Jahrzehnten eine uneinnehmbare sozialdemokratische Hochburg: 1903 hatte die SPD hier 69,4 % der Stimmen erhalten, 1907 64,4 % und 1912 63,4 %. Da die Mehrheitssozialdemokraten aufgrund ihres Stimmenanteils auch 1919 in wenigstens einem Reichstagswahlkreise die absolute Stimmenmehrheit erreicht haben müssen, wird ihnen in beiden Modellen der Reichstagswahlkreis Altona-Stormarn zugesprochen. Für Pinneberg-Segeberg (ohne Stadt) wird zwar in Modell A ebenfalls angenommen, dass die SPD hier erfolgreich gewesen wäre, in Modell B aber von einem Sieg der DDP ausgegangen.

In den verbleibenden sieben Reichstagswahlkreisen wäre es stets zu Stichwahlen zwischen der SPD und der DDP gekommen, allerdings bestand nirgendwo eine sozialistische Mehrheit, sodass die Mandate in den meisten Fällen als sicher für die Linksliberalen betrachtet werden können. In Oldenburg-Plön kamen die Mehrheitssozialdemokraten dem Mandat mit 46,1 % noch am nächsten, die DDP erlangte hier 21,9 %. Es folgte die DNVP mit 19,1 %, die sozialistischen Parteien kamen auf zusammen 46,4 %.

Im Reichstagswahlkreis Dithmarschen-Steinburg stimmten 44,2 % der Wähler für die SPD

---

25 Die vom Statistischen Reichsamt herausgegebenen Unterlagen verwenden für die oldenburgischen Exklaven Birkenfeld und Lübeck durchgängig die Bezeichnung „Fürstentum".

26 Es waren genau 12064. Zum Vergleich: Im Reichstagswahlkreis Herzogtum Lauenburg, wo die zweitniedrigste Zahl an gültigen Stimmen abgegeben wurde, waren es bereits 27942.

27 Genaugenommen bis nach Neumünster. Vgl. Reibel: Handbuch, Bd. 1, S. 568.

und 31,2 % für die DDP. Die sozialistische Minderheit betrug 44,7 %.

Im Reichstagswahlkreis Herzogtum Lauenburg erlangten die SPD 41,6 % und die DDP 34,2 %. Es folgte die DNVP mit 16 %, die Sozialisten kamen auf zusammen 44,5 %.

Im Reichstagswahlkreis Schleswig-Eckernförde kamen die SPD auf 34,4 % und die DDP auf 28,5 %. Es folgten die Schleswig-Holsteinische Bauern- und Arbeiterdemokratie mit 21 %, die Sozialisten erlangten zusammen lediglich 37,9 %.

In den verbleibenden drei Reichstagswahlkreisen ergibt sich aufgrund der dänischen Bevölkerungsmehrheit oder nicht unbedeutenden -minderheit eine etwas andere Situation, denn es kann durchaus nicht ausgeschlossen werden, dass diese in einer Stichwahl die weniger national gesonnene SPD unterstützt hätten. Zwar hätte das im Reichstagswahlkreis Tondern-Husum-Eckernförde nichts bewirkt, kamen die Mehrheitssozialdemokraten hier doch auf lediglich 22,5 % und die Sozialisten auf zusammen 24,1 %. Das westliche Schleswig war nichts weniger als die linksliberale Hochburg im Hohen Norden schlechthin, wo die DDP 41,5 % ihr bestes Ergebnis einfuhr und auch noch die Schleswig-Holsteinische Bauern- und Arbeiterdemokratie auf 17,6 % kam.

In den anderen beiden Reichstagswahlkreisen hätte die dänische Minderheit aber tatsächlich, sofern sie sich nicht an den Wahlen zur Nationalversammlung beteiligte, dies aber in einer Stichwahl getan hätte, den Ausschlag bringen können, sodass das Mandat jeweils in Modell A der SPD, in Modell B der DDP zugewiesen wird. Im Reichstagswahlkreis Apenrade-Flensburg erreichten Erstere 41,7 % und Letztere 27,2 %. Es folgte die Schleswig-Holsteinische Bauern- und Arbeiterdemokratie mit 16,4 %, die sozialistischen Parteien kamen auf zusammen 42,3 %.

Im Reichstagswahlkreis Hadersleben-Sonderburg, wo die Dänen die Bevölkerungsmehrheit ausmachten, entfielen auf die SPD 35,7 % der Stimmen und auf die DDP 27,4 %. Es folgten die DVP mit 21,3 % und die DNVP mit 10,9 %, die Sozialisten erhielten insgesamt 35,7 %.

Im Wahlkreis 14 erhält die DDP in Modell A sechs und die SPD fünf Mandate. In Modell B sind es neun Parlamentssitze für die DDP und zwei für die SPD.

Wahlkreis 15: Oldenburg sowie die Regierungsbezirke Aurich und Osnabrück

Der Wahlkreis 15 umfasste das Gebiet der fünf Reichstagswahlkreise der Regierungsbezirke Aurich und Osnabrück sowie das Hauptland Oldenburgs. Da zwei von dessen drei Reichstagswahlkreisen vollständig und der dritte – Oldenburg-Lübeck-Birkenfeld – zum größten Teil im Gebiet des Wahlkreises 15 lagen, werden alle drei oldenburgischen Reichstagswahlkreise in diesem Kapitel abgehandelt. Es bestanden bei der Wahl zur Nationalversammlung zwei Listenverbindungen: Zum Einen zwischen SPD und USPD und zum Anderen zwischen DNVP, DVP, CVP, DDP und der Deutsch-Hannoverschen Partei.[28]

Von den acht Mandaten wären zwei bereits im ersten Wahlgang vergeben worden, denn die CVP erreichte die Stimmenmehrheit mit 56,4 % in Vechta-Cloppenburg und mit 66,4 % in Meppen-Bentheim-Lingen.

In zwei Reichstagswahlkreisen wäre es zu einer Stichwahl zwischen der SPD und der CVP gekommen: In Osnabrück lagen die Mehrheitssozialdemokraten mit 33,8 % denkbar knapp vor der Christlichen Volkspartei, auf die 32,2 % der Stimmen lauteten. Es folgten die DVP mit 13,7 % und die DDP mit 13,5 %, die sozialistischen Parteien kamen auf 34,3 %. Das Mandat war 1903 von einem Vertreter der Welfenpartei mit 50,6 % in einer Stichwahl gegen die Nationalliberalen erobert worden und ist in einer Ersatzwahl 1904 in einer Neuauflage dieses Stichwahlduells mit 50,6 % an die Nationalliberalen gegangen. 1907 standen sich dann Nationalliberale und Zentrum in einer

---

28 Zur Geschichte der zur Kaiserzeit als Welfen(-partei) bezeichneten Deutsch-Hannoverschen Partei vgl. HARTWIG, Edgar: Welfen 1866-1933 (Deutsch-Hannoversche Partei [DHP]), in: FRICKE, Dieter (Leiter des Autorenkollektivs); FRITSCH, Werner; GOTTWALD, Herbert; SCHMIDT, Siegfried; WEISSBECKER, Manfred (Hrsg.): Lexikon zur Parteiengeschichte – Die bürgerlichen und kleinbürgerlichen Parteien und Verbände in Deutschland (1789-1945) in vier Bänden, Bd. 4: Reichsverband der Deutschen Industrie – Zweckverband der freien Deutschtumsvereine, Leipzig 1986, S. 482-490.

Stichwahl gegenüber, welche Letzteres mit 51,5 % für sich entscheiden konnte, 1912 gewannen die Nationalliberalen die Neuauflage dieses Stichwahlduells mit 56,2 %. 1919 nun verfehlten SPD, DDP und USPD mit zusammen 47,8 % knapp die Mehrheit, aber CVP, Deutsch-Hannoveraner und DNVP kamen zusammen sogar auf nur 38,5 % der Stimmen. Alles lag damit an der DVP – und angesichts einer Stichwahltradition, bei der sich für gewöhnlich Nationalliberale und Welfen respektive Zentrum gegenüberstanden, ist durchaus nicht klar, ob deren Wähler einen CVP-Vertreter gegen die SPD unterstützt hätten. Folglich liegt ein mehrheitssozialdemokratisches Mandat bei einer Wahlenthaltung der nationalliberal gesonnenen Wahlberechtigten im Bereich des Möglichen, zumal, wenn die DDP-Anhängerschaft die SPD etwas mehr als das Zentrum unterstützt hätte. In Modell A wird der Reichstagswahlkreis Osnabrück daher der SPD zugeschrieben, in Modell B gewinnt die CVP.

Was für Osnabrück gilt, gilt umso mehr für den benachbarten Reichstagswahlkreis Melle-Diepholz. Die SPD hätte es hier mit 22,2 % in die Stichwahl geschafft – nur gegen wen? Die Statistiker vermerkten, dass die CVP 11,3 % der Stimmen erhielt und die Deutsch-Hannoveraner 13,8 %, dass dazu aber noch 21,7 % „für einen von der Christl. Volkspartei und der deutschhannoverschen Partei gemeinsam aufgestellten Wahlvorschlag"[29] abgegeben wurden. Da sich nur 19,9 % der Wähler für die DDP entschieden, hätte es ein Vertreter der CVP oder der Deutsch-Hannoveraner oder ein von beiden Parteien gemeinsam aufgestellter Kandidat mit Sicherheit in die Stichwahl geschafft. Da die USPD nur von drei Personen im Reichstagswahlkreis gewählt wurde, hätten Sozialisten und Linksliberale zusammen lediglich 42,1 % der Stimmen erhalten. Demgegenüber kamen die von CVP und Deutsch-Hannoveranern unterstützten Kandidaten auf zusammen 46,8 %, mithilfe der DNVP wären es 48,5 % gewesen. Damit hätte auch hier die DVP-Anhängerschaft das Zünglein an der Waage gespielt, doch anders als im Reichstagswahlkreis Osnabrück hätte schon ihre Wahlenthaltung einen deutlichen Sieg von CVP oder Deutsch-Hannoveranern bedeutet, und da nicht davon ausgegangen werden kann, dass die DDP-Anhänger geschlossen die SPD unterstützt hätten, wird der Parlamentssitz in beiden Modellen der CVP zuerkannt. Im Übrigen wies Melle-Diepholz eine ähnliche Vergangenheit wie der Reichstagswahlkreis Osnabrück auf: 1903 hatten sich hier die Welfen mit 51,1 % in einer Stichwahl gegen die Nationalliberalen durchgesetzt, 1907 haben Letztere in einer Neuauflage des Duells mit 55,8 % gesiegt, und 1912 wurde eine weitere Neuauflage wieder von den Welfen mit 51,2 % gewonnen.

In den übrigen vier Reichstagswahlkreisen wäre es stets zu Stichwahlen zwischen der SPD und der DDP gekommen. In der Regel wäre das Mandat als sicher für die Linksliberalen zu betrachten, so im Reichstagswahlkreis Aurich-Wittmund, wo die DDP mit 36,3 % vor der SPD mit 26,7 % führte. Es folgte die DVP mit 18,3 %, die sozialistischen Parteien kamen auf zusammen 32,9 %.

Im Reichstagswahlkreis Emden-Norden erreichten die SPD 39,8 % und die DDP 27,4 %. Es folgten die DVP mit 16,1 % und die DNVP mit 10,3 %, die Sozialisten kamen auf zusammen 43,5 %.

Im Reichstagswahlkreis Oldenburg-Lübeck-Birkenfeld erreichten die SPD 40,4 % und die DDP 26,7 %. Allerdings bestand daneben noch ein von Links- und Nationalliberalen gemeinsam eingereichter Wahlvorschlag, auf den 11,4 % der Stimmen entfielen. Insgesamt erhielten die drei liberalen Listen – DDP, DVP und der gemeinsame Wahlvorschlag – 46,5 % der Stimmen, zusammen mit der DNVP wurden es 52 % gegen nur 41,4 % für die Sozialisten.

Komplizierter wird es beim letzten Reichstagswahlkreis Jever-Westerstede. Die DDP führte hier mit 38,3 % vor der SPD, für die sich 35 % der Wähler entschieden. Es folgten die USPD mit 13,9 % und die DVP mit 10,4 %. Die sozialistischen Parteien verfehlten folglich mit 49 % der Stimmen knapp die absolute Mehrheit, aber auch die beiden liberalen Vereinigungen brachten es auf lediglich 48,6 %. Addiert man dem Ergebnis von DDP und DVP noch das der DNVP hinzu, ergeben sich 49,2 % – es bestand also ein Patt, bei dem nun die wenigen Anhänger der CVP und der Deutsch-Hannoveraner das Zünglein an der Waage spielten. Theoretisch hätten sie das Blatt zu-

---

29 STATISTISCHES REICHSAMT (Hrsg.): Vierteljahreshefte, S. 280.

gunsten der SPD wenden können, zumal die Unklarheit, ob Nationalliberale aufgrund langjähriger Konkurrenz einen CVP-Kandidaten nicht die Unterstützung verweigert hätten, natürlich auch umgekehrt gilt. Entscheidend ist nun, dass es eine solche Konkurrenz in Jever-Westerstede nicht gab. Praktisch hatten die späteren CVP-Wähler in den vorangegangenen 16 Jahren nämlich schon in vier Stichwahlen die Chance, einem Sozialdemokraten zum Sieg über einen Linksliberalen zu verhelfen, nahmen diese aber nie wahr: 1903 siegten Letztere mit 59,4 %, 1907 mit 65 %, 1912 mit 52,9 % und bei einer noch im selben Jahr notwendig gewordenen Ergänzungswahl mit 54,1 %. Aufgrund dieser Vorgeschichte wird davon ausgegangen, dass auch Jever-Westerstede für die Sozialisten 1919 uneinnehmbar gewesen und damit sicher für die DDP gewesen wäre.

Im Wahlkreis 15 erhält die DDP in Modell A vier Mandate, die CVP drei und die SPD einen. In Modell B erobern DDP und CVP jeweils vier Parlamentssitze.

Wahlkreis 16: Braunschweig sowie die Regierungsbezirke Hannover, Hildesheim und Lüneburg

Der Wahlkreis 16 umfasste das Gebiet der elf Reichstagswahlkreise der Regierungsbezirke Hannover, Hildesheim und Lüneburg sowie die Kernlande Braunschweigs. Da sich nur kleinere Exklaven dieses Staates in anderen Wahlkreisen befanden, werden alle seine drei Reichstagswahlkreise in diesem Kapitel behandelt. Bei der Wahl zur Nationalversammlung bestand eine Listenverbindung zwischen der DNVP, der DVP, dem gemeinsam von CVP und Deutsch-Hannoveranern eingereichten Wahlvorschlag sowie dem Braunschweigischen Landeswahlverband. Durch die Wahlsystemreform war der Reichstagswahlkreis Hannover-Stadt Linden um nach Linden eingemeindete Teile des Reichstagswahlkreises Hameln-Kreis Linden erweitert und in einen Zwei-Personen-Wahlkreis umgewandelt worden. Trotz dieser geringen Änderung wird angenommen, dass die von den Statistikern für beiden alten Reichstagswahlkreise notierten Ergebnisse weitgehend dem Resultat entsprachen, das sich auch nach der Neuabgrenzung ergeben hätte.

Demnach wurde die SPD mit 51,7 % zur stärksten Kraft im Reichstagswahlkreis Hannover-Stadt Linden, gefolgt von der CVP mit 21,1 %, der DVP mit 13 % und der DDP mit 10,5 %. Einer der beiden zu vergebenden Parlamentssitze wäre demnach eindeutig an die SPD, der andere an die CVP gefallen. Ohne die Wahlsystemreform hätten die Mehrheitssozialdemokraten den einen zu vergebenden Parlamentssitz im ersten Anlauf geholt.

Von den übrigen zehn Mandaten wären drei bereits im ersten Wahlgang vergeben worden: Die SPD hätte sich in Einbeck-Northeim mit 51,8 % und in Goslar-Zellerfeld mit 55,4 % durchgesetzt. Auf dem Gebiet des alten Reichstagswahlkreises Hameln-Kreis Linden kam sie sogar auf 57,2 %, sodass trotz des abgetretenen Gebietes auch hier von einem SPD-Wahlsieg ausgegangen werden kann.

In den verbleibenden sieben Reichstagswahlkreisen der Regierungsbezirke Hannover, Hildesheim und Lüneburg wäre es stets zu einer Stichwahl zwischen der SPD und der CVP, in Syke-Hoya zwischen SPD und Deutsch-Hannoveranern[30] gekommen. Sozialistische Mehrheiten bestanden nirgends, einzig in Gifhorn-Peine wurde eine solche mit 49,5 % der Stimmen hauchdünn verpasst. Allerdings fehlten auch CVP und Deutsch-Hannoveranern Mehrheiten aus eigener Kraft; ihre Ergebnisse lagen in den Reichstagswahlkreisen, wo sie es in die Stichwahl schafften, zwischen 28,1 % in Hildesheim und 43,8 % in Lüchow-Uelzen. Da sie auch mit Unterstützung der DNVP-Wähler nirgendwo auf eine absolute Mehrheit gekommen wären – ihre addierten Ergebnissen betrugen zwischen 32,6 % in Gifhorn-Peine und 48,7 % in Lüchow-Uelzen –, müssen alle acht Mandate in Modell A der SPD, in Modell B der CVP respektive Syke-Hoya den Deutsch-Hannoveranern zugesprochen werden. Freilich ist darauf hinzuweisen, dass angesichts des knappen Ergebnisses Gifhorn-Peine mit an Sicherheit grenzender Wahrscheinlichkeit der SPD, Lüchow-Uelzen der CVP zugefallen

---

30 Die Statistiker vermerkten zu Syke-Hoya, dass 16,8 % der Stimmen auf die CVP entfielen, 0,7 % auf einen von CVP und Deutsch-Hannoveranern gemeinsam eingereichten Wahlvorschlag sowie 15,3 % auf Sonstige, worunter sich eigentlich nur die Deutsch-Hannoveraner verbergen können.

wäre.

Die drei braunschweigischen Abgeordnetensitze können dagegen zweifellos als sicher für die SPD betrachtet werden. Im Reichstagswahlkreis Braunschweig-Blankenburg wurden die Unabhängigen Sozialdemokraten mit 31,8 % der Stimmen zwar stärkste Kraft vor den Mehrheitssozialdemokraten, die auf 25,9 % kamen. Es folgte die DDP mit 19,9 % nach den von 22,3 % der Wähler gewählten sonstigen Parteien, unter denen wohl in erster Linie der Braunschweigische Landeswahlverband zu verstehen ist. Da angenommen werden muss, dass deren Anhänger zur Vermeidung eines USPD-Sieg die SPD unterstützt hätten, kann das Mandat als sich für die Mehrheitssozialdemokraten gelten.

Dasselbe gilt für den Reichstagswahlkreis Helmstedt-Wolfenbüttel, wo die USPD mit 28,8 % und die SPD mit 27,7 % in die Stichwahl eingezogen wären, gefolgt von den Sonstigen mit 26,5 % und der DDP mit 16,7 %.

Im Reichstagswahlkreis Holzminden-Gandersleben wäre es hingegen wohl zu einer Stichwahl zwischen der SPD mit 39,9 % und den Sonstigen mit 22 % der Stimmen gekommen, vorausgesetzt, hinter den Sonstigen verbarg sich geschlossen der Braunschweigische Landeswahlverband. Dann hätte die sozialistische Stimmenmehrheit von 60,8 % der SPD zum Sieg verholfen, zumal die SPD selbst stärker war nichtsozialistischen Parteien zusammen, die insgesamt lediglich 39,2 % der Stimmen erhielten. Aber selbst wenn hinter Sonstige auch ausreichend Welfen stehen sollten, um dem Braunschweigischen Landeswahlverband die Möglichkeit auf den Einzug in die Stichwahl zu nehmen, wäre die SPD in der zweiten Wahlrunde auf die USPD getroffen, welche mit 20,9 % weder auf einen Sieg aus eigener Kraft noch auf Unterstützung durch andere Parteien hätte hoffen können.

Der Wahlkreis 16 entsendet nach Modell A 14 Vertreter der SPD und einen der CVP, nach Modell B jeweils sieben von SPD und CVP sowie einen Deutsch-Hannoveraner.

Wahlkreis 17: Lippe, Schaumburg-Lippe sowie die Regierungsbezirke Minden und Münster

Der Wahlkreis 17 umfasste das Gebiet der vier Reichstagswahlkreise des Regierungsbezirks Münster und der fünf Reichstagswahlkreise des Regierungsbezirks Minden; von Ersteren ist Borken-Recklinghausen bereits durch die Wahlsystemreform vom Sommer 1918 in einen Zwei-Personen-Wahlkreis umgewandelt worden. Zudem gehörten ihm die Freistaaten Lippe und Schaumburg-Lippe an, in denen jeweils ein Mandat vergeben worden war, der Kreis Pyrmont als Exklave des Freistaats Waldeck-Pyrmonts sowie der Kreis Schaumburg des Regierungsbezirks Kassel. Da die beiden Letzteren zu Reichstagswahlkreisen zählten, deren größerer Teil im Wahlkreis 19 gelegen war, werden sie erst im dortigen Kapitel behandelt. Bei den Wahlen zur Nationalversammlung bestand eine Listenverbindung zwischen DNVP, DVP, CVP und Christlich-Sozialer Partei.

In Borken-Recklinghausen wurde die CVP mit 49,5 % der Stimmen zur stärksten Kraft, gefolgt von der SPD mit 32,3 %. Beide Parteien hätten je ein Mandat erhalten. Da die USPD hier nur 32 Wähler fand, muss davon ausgegangen werden, dass die CVP das Mandat in der Stichwahl gewonnen hätte, wäre jede Wahlsystemreform ausgeblieben.

Von den übrigen zehn Mandaten wären sechs bereits im ersten Wahlgang vergeben worden: Die CVP erhielt die absolute Mehrheit mit 66,8 % in Tecklenburg-Steinfurt-Ahaus, mit 74 % in Münster-Koesfeld, mit 77 % in Lüdinghausen-Beckum-Warendorf, mit 79,8 % in Warburg-Höxter und mit 83,3 % in Paderborn-Büren, die SPD mit 55,6 % in Schaumburg-Lippe.

Damit wären vier Stichwahlen fällig geworden. Im Freistaat Lippe hätte die SPD das Mandat mit 49,9 % der Stimmen hauchdünn verpasst und sich in der zweiten Wahlrunde mit der DDP, die auf 23,5 % kam, messen müssen. Es folgte die DNVP mit 20,9 %, die sozialistischen Parteien kamen auf zusammen 50,4 %. 1903 hatten sich die Linksliberalen in einer Stichwahl gegen die SPD mit 67,4 % der Stimmen durchgesetzt, 1907 in einer Stichwahl gegen die Konservativen mit 60,8 % und 1912 in einem weiteren zweiten Wahlgang gegen die SPD mit 65 %. Aufgrund der lediglich hauchdünnen sozialistischen Mehrheit und angesichts dieser Vorgeschichte wird das Mandat in Modell A der SPD, in Modell B der DDP zugewiesen.

In den verbleibenden drei preußischen Reichstagswahlkreisen ergab sich dagegen keine sozialistische Mehrheit, was deren Situation jedoch nicht aussichtslos machte. In Minden-Lübbecke wäre die SPD mit 40,1 % der Stimmen in die Stichwahl gegen die DNVP gekommen, welche 22,9 % erhielt. Es folgten die DDP mit 19,8 % und die DVP mit 15,4 %. Obwohl die USPD nur elf Wähler finden konnte, bestand eine sozialistisch-linksliberale Mehrheit von 59,9 %. Da zudem die SPD allein stärker war als DNVP, DVP und CVP zusammen – sie erreichten 40,1 % – kann nicht ausgeschlossen werden, dass linksliberale Wahlenthaltungen oder Stimmen für die Sozialdemokraten einen SPD-Sieg ermöglicht hätten. Die Vorgeschichte gibt in dieser Hinsicht keinen Aufschluss: Die Konservativen hatten sich 1903 mit 71,4 % in einer Stichwahl gegen die SPD durchgesetzt und das Mandat 1907 im ersten Wahlgang mit 52,5 % verteidigt. 1912 jedoch verloren sie es in einer Stichwahl an die Linksliberalen, welche auf 56,2 % der Stimmen kamen. Das Mandat wird daher in Modell A der SPD, in Modell B der DNVP zugewiesen.

Ähnlich verhält es sich mit dem Reichstagswahlkreis Herford-Halle. Auch hier hätte eine Stichwahl zwischen SPD und DNVP, die 43,9 % respektive 23,9 % erhielten, stattgefunden. Es folgten die DDP mit 17,2 % und die DVP mit 13,1 %. Obwohl die USPD hier sogar nur von sechs Personen gewählt wurde, bestand erneut eine sozialistisch-linksliberale Mehrheit von 61,1 %. DNVP, DVP und CVP lagen mit 38,9 % noch deutlicher hinter den Mehrheitssozialdemokraten. Auch die Vorgeschichte weist nur geringe Abweichungen zur Nachbarregion auf: 1903 hatten sich die Konservativen mit 66,1 % in einer Stichwahl gegen die SPD durchgesetzt, das Mandat jedoch in einer weiteren Stichwahl 1907 knapp an die Nationalliberalen verloren, welche 50,4 % erhielten. Diese wiederum konnten es in einer dritten Stichwahl 1912 mit 61,8 % gegen die SPD verteidigen. Das Mandat wird wiederum in Modell A der SPD und in Modell B der DNVP angerechnet.

Damit verbleibt der Reichstagswahlkreis Bielefeld-Wiedenbrück, wo die SPD mit 43,1 % der Stimmen in eine Stichwahl gegen die DDP gezogen wäre. Die Linksliberalen qualifizierten sich mit nur 13,7 % knapp vor der DNVP, für die 12,8 % der Wähler stimmten. Da die sozialistischen Parteien zusammen jedoch nur auf 44,1 % der Stimmen kamen, ist der Parlamentssitz in jedem Fall als sicher für die DDP zu betrachten.

Als große Gewinnerin im Wahlkreis 17 hätte sich damit in jedem Fall die CVP erwiesen, erhält sie doch in beiden Modellen sechs Sitze. Im den Sozialisten wohler gesonnenen Modell A folgt die SPD mit fünf Abgeordneten, die DDP entsendet einen. In Modell B dagegen erobern die Mehrheitssozialdemokraten nur zwei Mandate, jeweils zwei gehen an DDP und DNVP.

Wahlkreis 18: Regierungsbezirk Arnsberg

Der Wahlkreis 18 umfasste das Gebiet der acht Reichstagswahlkreise des Regierungsbezirks Arnsberg. Zwei von ihnen waren von der Wahlsystemreform des Sommers 1918 betroffen: Der Reichstagswahlkreis Bochum-Gelsenkirchen-Hattingen war in einen Vier- und der Reichstagswahlkreis Dortmund in einen Drei-Personen-Wahlkreis umgewandelt worden. Bei der Wahl zur Nationalversammlung bestand eine Listenverbindung zwischen DNVP und CVP, die DVP trat nicht an.

In Bochum-Gelsenkirchen-Hattingen erwies sich die SPD mit 51,9 % der Stimmen als stärkste Kraft und hätte den Reichstagswahlkreis nach dem ursprünglichen System bereits im ersten Anlauf erobert. Es folgten die CVP mit 24,4 % und die DNVP mit 14,5 %. Der SPD standen damit ebenso zwei Mandate zu wie der Listenverbindung aus CVP und DNVP, deren Anteil wiederum gleichmäßig auf die beiden Verbündeten verteilt worden wäre.

Auch im Reichstagswahlkreis Dortmund errang die SPD mit 52,9 % die absolute Mehrheit, was ihr im Falle einer ausgebliebenen Wahlsystemreform das dortige Mandat im ersten Anlauf gesichert hätte. Die CVP kam auf 22,8 % und die DNVP auf 12,9 %, sodass sich 35,7 % der Wähler für diese Listenverbindung entschieden. Damit wären zwei der Dortmunder Mandate auf die SPD und eines auf die CVP-DNVP-Listenverbindung entfallen, innerhalb der es die CVP als stärkerer Partner erhalten hätte. Folglich wäre die SPD in den beiden Mehrpersonenwahlkreisen auf insgesamt vier, die CVP auf zwei und die DNVP auf einen Abgeordneten gekommen.

Von den verbleibenden sechs Reichstagswahlkreisen wären zwei bereits im ersten Wahlgang erobert worden, denn die CVP erhielt die absolute Mehrheit mit 79,4 % in Lippstadt-Brilon und mit 81,2 % in Olpe-Meschede-Arnsberg.

Im Reichstagswahlkreis Altena-Iserlohn wäre die SPD mit 42,5 % in die Stichwahl gegen die DDP gekommen, für die sich 19,5 % der Wähler entschieden. Es folgten die CVP mit 18 % und die DNVP mit 13,9 %, die sozialistischen Parteien kamen auf zusammen 48,5 %. 1903 hatten sich die Linksliberalen in einer Stichwahl mit 63,5 % gegen die Sozialdemokraten durchgesetzt. Bei einer Ergänzungswahl 1906 gewann die SPD eine Stichwahl gegen das Zentrum mit 52,3 %, um 1907 in einem weiteren Stichwahlduell den Linksliberalen mit 42,9 % zu unterliegen. 1912 kehrte sich das Verhältnis wieder um, die SPD siegte in der engeren Wahl mit 52,8 % gegen die DDP. Trotz der 1919 nicht ganz erreichten sozialistischen Mehrheit wird das Mandat in Modell A der SPD und in Modell B der DDP angerechnet, allerdings nur aufgrund einer regionalen Besonderheit: Für gewöhnlich stieg die Wahlbeteiligung bei Stichwahlen im Kaiserreich stark an,[31] in Altena-Iserlohn dagegen brach sie seit 1898 in den zweiten Wahlrunden dagegen regelrecht ein. Am extremsten war dieser Einbruch 1906, als der Rückgang 9,6 % betrug (von 75,9 % auf 66,3 %), und nur 1907 blieb dieser Wert bei unter sieben Prozentpunkten (von 86,4 % auf 82,6 %). Hätte sich dieser Trend 1919 fortgesetzt, wäre ein Wahlsieg der SPD trotz der knappen sozialistischen Minderheit möglich gewesen.

Der Reichstagswahlkreis Hagen wäre dagegen für die Mehrheitssozialdemokraten sicher gewesen. Sie hätten es mit 28,1 % der Stimmen in die Stichwahl gegen die USPD geschafft, welche 21,1 % erhielt. Es folgten die DDP mit 19,5 %, die DNVP mit 16,8 % sowie die CVP mit 14,5 %. Da die SPD schon aus eigener Kraft mehr Wähler aufbieten konnte als die USPD und auch eher die Unterstützung liberaler und konservativer Wahlberechtigter erhalten hätte, fällt ihr das Mandat in beiden Modellen zu.

Im Reichstagswahlkreis Hamm-Soest wäre es der CVP gelungen, in die Stichwahl zu kommen, allerdings mit 32,6 % nur auf dem zweiten Platz hinter der SPD, für die sich 36,6 % der Wähler entschieden. Es folgten die DNVP mit 16 % und die DDP mit 14,6 %. Die sozialistischen Parteien kamen auf zusammen 36,7 %. Damit bestand eine knappe sozialistisch-linksliberale Mehrheit von 51,4 %. Die Wahl in Hamm-Soest war seit Jahrzehnten stets in Stichwahlen zwischen den Nationalliberalen und dem Zentrum entschieden worden: 1903 hatten sich Erstere mit 54,4 % der Stimmen durchgesetzt, 1907 Letztere mit 53,1 %, 1912 dann wieder die Nationalliberalen mit 57,6 %. Angesichts dieser Vorgeschichte ist es nicht vorhersagbar, ob die Liberalen eher die Sozialdemokraten oder die CVP im zweiten Wahlgang bevorzugt hätten, sodass das Mandat in Modell A der SPD, in Modell B der CVP zugewiesen wird.

Für den Reichstagswahlkreis Siegen-Wittgenstein vermerkten die Statistiker ein etwas anderes Kandidatenfeld. Demnach erhielt ein von DNVP und DVP gemeinsam eingereichter Wahlvorschlag 37,9 % der Stimmen, entfielen auf die Deutsch-Nationalen allein aber weitere 5,6 % und nochmals 1,3 % auf die DVP allein, was in der Summe 44,8 % ergibt. Fest steht, dass es ein DNVP-DVP-Bewerber in die Stichwahl gegen die SPD geschafft hätte, welche auf 27,7 % der Stimmen kam. Es folgten die DDP mit 16,6 % und die CVP mit 10,2 %, die sozialistischen Parteien kamen auf zusammen 28,3 %. Siegen-Wittgenstein war 1903 und 1907 jeweils im ersten Wahlgang von den Christlich-Sozialen[32] erobert worden, und zwar mit 50,9 % respektive 50,2 %. Am 11.1.1909

31 Vgl. Nipperdey: Deutsche Geschichte, Bd. 2, S. 502.

32 Die Christlich-Soziale Partei war ein seit 1878 von Adolf Stöcker betriebener Versuch, die protestantischen Konservativen im Kampf gegen die Sozialdemokratie zu stärken. Ähnlich dem katholischen Zentrum sollte die Rechte durch eine sozialere Politik für breitere Wählerschichten attraktiver machen. Da Stöcker hierzu aber Kritik an den ostelbischen Agrarverhältnissen und damit an den die Deutsch-Konservative Partei beherrschenden Junkern üben musste, war ihm in dieser Hinsicht kein Erfolg beschieden. Historische Bedeutung erlangten die Christlich-Sozialen jedoch dadurch, dass sie als erste Partei offen antisemitische Ziele verfolgten. Vgl. Scheil, Stefan: Die Entwicklung

setzten sich in einer Ergänzungswahl die Nationalliberalen im zweiten Durchgang gegen die Christlich-Sozialen mit 53,3 % der Stimmen durch, ehe Letztere das Mandat 1912 erneut mit 52,4 % im ersten Wahlgang gewannen. Angesichts dieser Vorgeschichte, des vergleichsweise geringen sozialistischen Stimmenanteils 1919 sowie einer DNVP-DVP-CVP-Mehrheit von 55 %, wird Siegen-Wittgenstein in beiden Modellen dem DNVP-DVP-Bewerber zugesprochen.[33] Da jedoch Modell A vom den Sozialisten günstigsten, Modell B vom ihnen ungünstigsten Ergebnis ausgeht, wird als Sieger im ersten Fall ein Vertreter der DVP, im zweiten einer der Deutsch-Nationalen angenommen.

Im Regierungsbezirk Arnsberg werden in Modell A sieben Vertreter der SPD, vier der CVP und jeweils einer von DVP und DNVP gewählt, in Modell B sind SPD und CVP mit jeweils fünf Abgeordneten gleich erfolgreich, gefolgt von der DNVP mit zwei und der DVP mit einem Mandat.

Wahlkreis 19: Waldeck sowie die Provinz Hessen-Nassau

Der Wahlkreis 19 umfasste das Kerngebiet des Freistaats Waldeck-Pyrmont sowie der Provinz Hessen-Nassau. In beiden Fällen bestanden auswärtige Exklaven; so lagen der Landesteil Pyrmont und der Kreis Grafschaft Schaumburg im Gebiet des Wahlkreises 17, der thüringische Kreis Herrschaft Schmalkalden im Wahlkreis 36. Da diese Exklaven jedoch jeweils mit anderen Landesteilen auf dem Gebiet des Wahlkreises 19 in einem Reichstagswahlkreis zusammengefasst waren, werden in diesem Kapitel die Ergebnisse sämtlicher Reichstagswahlkreise Waldeck-Pyrmonts sowie der Provinz Hessen-Nassau behandelt. Umgekehrt befand sich mit dem Kreis Wetzlar eine Exklave des Regierungsbezirks Koblenz auf dem Gebiet des Wahlkreises 19. Da aber dieses Außengebiet seinerseits mit Regionen im Regierungsbezirk Koblenz zu einem Reichstagswahlkreis verbunden gewesen war, wird sein Ergebnis im entsprechenden Kapitel zum Wahlkreis 21 behandelt. Innerhalb der Provinz Hessen-Nassau bildete der Reichstagswahlkreis Stadt Frankfurt/Main seit der Wahlsystemreform vom Sommer 1918 einen Zwei-Personen-Wahlkreis. Bei der Wahl zur Nationalversammlung bestand eine Listenverbindung zwischen DNVP, DVP und CVP.

Bedauerlicherweise war es den Statistikern nicht möglich, die Wahlergebnisse der Reichstagswahlkreise Stadt Frankfurt/Main, Landkreis Wiesbaden-Obertaunus und Hanau zu trennen. Insgesamt erwies sich hier die SPD mit 43,5 % als stärkste Kraft, gefolgt von der DDP mit 20,9 % und der CVP mit 15,4 %. Die sozialistischen Parteien kamen zusammen auf eine knappe Mehrheit von 51 % der Stimmen, für die verbundenen Listen von DNVP, DVP und CVP entschieden sich insgesamt 28,1 % der Wähler. Im Reichstagswahlkreis Stadt Frankfurt/Main war es seit der Jahrhundertwende stets zu Stichwahlen gekommen: 1903 hatten sich die Sozialdemokraten mit 52 % gegen die Linksliberalen durchgesetzt, 1907 Letztere eine Neuauflage dieses Duells mit 52,2 % gewonnen, um 1912 den Sozialdemokraten mit 46,7 % wieder zu unterliegen. Im Reichstagswahlkreis Landkreis Wiesbaden-Obertaunus waren ebenfalls stets Stichwahlen nötig geworden, allerdings zwischen den Sozialdemokraten und dem Zentrum: 1903 hatte Letzteres das Rennen mit 50,7 % noch knapp für sich entschieden, 1907 und 1912 setzte sich dann die SPD mit 54,6 % respektive 58,8 % der Stimmen durch. Die Linksliberalen kamen hier nur auf 8,3 % 1907 und 13,5 % 1912, 1903 waren sie nicht angetreten. Im Reichstagswahlkreis Hanau waren seit der Jahrhundertwende Stichwahlen zwischen Sozialdemokraten und Nationalliberalen die Regel. Sie gingen 1903 mit 51,9 % zugunsten der Letzteren, 1907 mit 51,4 % zugunsten der Ersteren aus. Erst 1912 gelang es der SPD, das Mandat bereits im ersten Wahlgang mit 51,6 % zu gewinnen. Die Ergebnisse linksliberaler, konservativer und katholischer Bewerber, die jeweils eher sporadisch antraten, lagen in der Regel bei zehn Prozent mit einem Maximalwert von 14,8 % für das Zentrum 1903.

des politischen Antisemitismus in Deutschland zwischen 1881 und 1912 – Eine wahlgeschichtliche Untersuchung (= Beiträge zur Politischen Wissenschaft, Bd. 107), Berlin 1999, S. 49-56.

33 Zu dieser Vorgeschichte gehört auch, dass die Christlich-Sozialen in Westfalen 1907 die Zusammenarbeit mit den Liberalen aufgekündigt hatten, weil diese das „politische Christentum" des christlich-sozialen Kandidaten in Siegen-Wittgenstein „verdächtigt" hätten und, dass das Zentrum 1912 nach heftigen innerparteilichen Diskussionen in diesem Wahlkreis die Christlich-Sozialen unterstützte. Vgl. REIBEL: Handbuch, Bd. 1, S. 715.

Es ist daher davon auszugehen, dass sich auch bei der Wahl zur Nationalversammlung die DDP-Stimmen deutlich in der Stadt Frankfurt/Main und die CVP-Stimmen ebenso deutlich in Landkreis Wiesbaden-Obertaunus konzentrierten, wohingegen die sozialistischen Wahlzettel ziemlich gleichmäßig verteilt gewesen wären. Infolgedessen ist anzunehmen, dass es in Landkreis Wiesbaden-Obertaunus zu einer Stichwahl zwischen SPD und CVP gekommen wäre, die ohne weitere Möglichkeiten zur Prognose in Modell A von Ersterer, in Modell B von Letzterer entschieden wird. Im Reichstagswahlkreis Hanau nimmt die DDP aufgrund der starken Stellung der Nationalliberalen die Position der CVP ein und gewinnt in Modell B, in Modell A hingegen die SPD. Schwierig ist jedoch die Beurteilung für die Stadt Frankfurt/Main. Aufgrund der Konzentration der DDP-Wähler kann nicht ausgeschlossen werden, dass die Mehrheitssozialdemokraten hier weniger als doppelt so viele Stimmen wie der Zweitplatzierte und damit nur ein Mandat erhalten hätten. Ob dies allerdings ausgereicht hätte, um der DDP auch vor der Listenverbindung aus DNVP, DVP und CVP den zweiten Parlamentssitz zu sichern, ist fraglich. Innerhalb dieser Verbindung lag die DVP – auf dem Gebiet aller drei Reichstagswahlkreise – mit 8,3 % deutlich vor den Deutsch-Nationalen, die auf 4,4 % der Stimmen kamen. Da das Gros der CVP-Wähler in Landkreis Wiesbaden-Obertaunus anzunehmen und es auch im Reichstagswahlkreis Hanau besser abgeschnitten haben dürfte als in der Mainmetropole sowie schließlich Modell B vom für die Sozialisten ungünstigsten Wahlergebnis ausgeht, wird in beiden Varianten von einem Frankfurter Mandat für die SPD ausgegangen, das zweite aber in Modell A der DDP, in Modell B der DVP angerechnet. Bei einem Ausbleiben jeglicher Wahlsystemreform wäre die Mainmetropole vermutlich entweder an die SPD oder an die DDP gegangen.

Von den übrigen 13 Parlamentssitzen wären vier bereits im ersten Wahlgang vergeben worden, und zwar setzte sich die SPD in Eschwege-Schmalkalden mit 54 %, in Rinteln-Hofgeismar mit 57 % und in Kassel-Melsungen mit 59,7 % der Stimmen durch, die CVP mit 59,1 % in Fulda-Schlüchtern.

Zu einer Stichwahl zwischen beiden Parteien wäre es dennoch nur einmal gekommen, und zwar im Reichstagswahlkreis Ober- und Unterlahnkreis, wo die CVP mit 35,5 % den ersten Platz vor der SPD mit 31,6 % belegte. Es folgte die DDP mit 22,2 %, sie sozialistischen Parteien kamen auf zusammen 32,6 %. Stichwahlen waren hier seit 1893 stets nötig geworden: 1903 und 1907 hatten sich die Nationalliberalen mit 57,7 % respektive 55 % gegen das Zentrum durchsetzen können, 1912 mit 51,6 % gegen die Konservativen. Angesichts einer bestehenden sozialistisch-linksliberalen Mehrheit von 54,8 %, aber noch keiner Stichwahlbeteiligung eines Sozialdemokraten wird das Mandat in Modell A der SPD, in Modell B der CVP zugewiesen.

Zu einer Stichwahl zwischen CVP und DDP wäre es im Reichstagswahlkreis Unterwesterwald-Rheingau gekommen, wobei Erstere mit 48,8 % das Mandat im ersten Wahlgang nur knapp verpasst hätte. Die Linksliberalen lagen mit 20,3 % deutlich dahinter und nur knapp vor der SPD, für die sich 19 % der Wähler entschieden; zusammen hatten beide sozialistischen Parteien genau eine Stimme mehr als die DDP. Der Reichstagswahlkreis war seit Jahrzehnten stets im ersten Durchgang vom Zentrum erobert worden, 1903 mit 58,3 %, 1907 mit 54,9 % und 1912 mit 57,7 %. Angesichts dieser Vorgeschichte, einer CVP, die deutlich stärker war als Sozialisten und Linksliberale zusammen, des ausgesprochen schlechten Abschneidens des Zweitplatzierten sowie einer CVP-DNVP-Mehrheit von 54,2 % wird das Mandat in beiden Modellen der CVP angerechnet.

In den verbleibenden fünf Reichstagswahlkreisen Hessen-Nassaus wäre es zu Stichwahlen zwischen SPD und DDP gekommen, allerdings unter unterschiedlichen Voraussetzungen. Vergleichsweise eindeutig sind Ergebnisse in den Reichstagswahlkreisen Hersfeld-Rotenburg, Stadt Wiesbaden und Marburg-Frankenberg. In Dillkreis-Oberwesterwald und Fritzlar-Homberg-Ziegenhain ist dagegen der ausgesprochen geringe Abstand zwischen Zweit- und Drittplatziertem zu beachten.

Im Reichstagswahlkreis Hersfeld-Rotenburg erreichten die SPD 44,8 % und die DDP 21,2 % der Stimmen. Es folgten die CVP mit 17,5 % und die DNVP mit 14,7 %, die USPD fand nur vier Wähler. Der Reichstagswahlkreis war seit der Jahrhundertwende stets in Stichwahlen von einem parteilosen Rechten gewonnen worden, und zwar 1903 sowie 1907 mit 67,1 % respektive 74,5 % gegen das Zentrum und 1912 mit 73,3 % gegen die SPD. Das Mandat wird daher in beiden Modellen der DDP angerechnet.

Im Reichstagswahlkreis Stadt Wiesbaden lag die SPD mit 31 % der Stimmen relativ knapp vor der DDP mit 28,8 %. Es folgten die CVP mit 21,5 % und die DVP mit 14,5 %, die sozialistischen Parteien kamen auf zusammen 34,1 %. Das Mandat war seit 1903 stets in Stichwahlen zwischen Nationalliberalen und Sozialdemokraten vergeben worden; es siegten zunächst Erstere mit 54,7 %, 1907 Letztere mit 51,7 %, 1912 wieder die Nationalliberalen mit 56,5 %. Der Parlamentssitz wird dennoch in beiden Modellen der DDP gutgeschrieben, denn der äußerst knappe SPD-Sieg von 1907 war gegen kaiserreichstreue Rechtsliberale errungen worden, nun aber standen sich zwei linke Reformer unterschiedlicher Radikalität gegenüber.

In Marburg-Frankenberg war der Abstand zwischen Mehrheitssozialdemokraten und Linksliberalen noch enger; sie erhielten 30,6 % respektive 28 % der Stimmen. Es folgten die DNVP mit 21,4 % und die CVP mit 11,9 %, die sozialistischen Parteien kamen auf zusammen 32,1 %. Demgegenüber bestand eine DDP-DNVP-DVP-Mehrheit von 56 %, sodass das Mandat als sicher für die Linksliberalen gelten kann.

Im Reichstagswahlkreis Dillkreis-Obertaunus ergibt sich das Problem, dass die SPD mit 27,1 % zwar definitiv den Einzug in die Stichwahl geschafft hätte, die DDP als Zweitplatzierter mit 22,1 % aber nur um 367 Stimmen besser war als die CVP. Hätten DNVP oder DVP als Partner der im Wahlkreis 19 bestehenden Listenverbindung auf eine Kandidatur verzichtet, hätte die CVP leicht genügend Wähler erhalten können, um an den Linksliberalen vorbeizuziehen, zumal die drei Parteien zusammen sogar 44,7 % erhielten. Da in dieser Untersuchung jedoch davon ausgegangen wird, dass jede Partei, die in einem Wahlkreis kandidiert, auch in jedem zugehörigen Reichstagswahlkreis einen Kandidaten aufstellt, wird in beiden Modellen von einem Stichwahleinzug der DDP ausgegangen, doch muss wegen des knappen Abstands zumindest auf die alternative Möglichkeit verwiesen werden. Angesichts der Schwäche der SPD wird das Mandat dadurch natürlich wieder in beiden Fällen den Linksliberalen zugestanden, obgleich die Mehrheitssozialdemokraten gegen einen Vertreter aus den Reihen der CVP möglicherweise gewonnen hätten. Die sozialistischen Parteien kamen zusammen auf 33,2 %, mit Unterstützung der linksliberalen Wähler hätte eine knappe Mehrheit von 55,3 % bestanden.

Das gilt umso mehr im Reichstagswahlkreis Fritzlar-Homberg-Ziegenhain. Hier kam die SPD aus eigener Kraft auf 46,4 %, hätte durch die nur fünf Wähler starke USPD aber nicht unterstützt werden können. Auf dem zweiten Platz landete die DDP mit 24,2 % und lediglich 67 Stimmen Vorsprung auf die DNVP. Erneut hätte ein Wahlverzicht von DVP oder CVP einem Vertreter dieser Listenverbindung den Einzug in die Stichwahl ermöglichen können, was dann wiederum in durch linksliberale Unterstützung einen SPD-Wahlsieg in den Bereich des Möglichen gerückt hätte. So geht auch dieses Mandat in beiden Modellen an die DDP.

Umgekehrt verhielt es sich im letzten Reichstagswahlkreis, dem Freistaat Waldeck-Pyrmont. Die SPD wurde hier mit 38,8 % der Stimmen zwar ebenfalls stärkste Kraft, wäre in der Stichwahl aber definitiv auf die DNVP getroffen, für welche sich 24,2 % der Wähler entschieden. Es folgten die DDP mit 23,5 % und die DVP mit 10,7 %, die USPD fand nur drei Wähler. Seit der Jahrhundertwende war das hiesige Mandat stets in Stichwahlen zwischen den Linksliberalen und einem parteilosen Rechten respektive einem Deutsch-Sozialen entschieden worden. 1903 und 1907 hatten sich die Linksliberalen mit 50,7 % und 52 % der Stimmen durchgesetzt, 1912 dann der rechte Bewerber mit 50,6 %. Bei einer Ergänzungswahl im Sommer 1913 waren wieder die Linksliberalen mit 51 % siegreich. Aufgrund dieser Vorgeschichte knapper Resultate und einer sozialistisch-linksliberalen Mehrheit von 62,3 % wird der Parlamentssitz in Modell A der SPD, in Modell B der DNVP zugewiesen.

Im Wahlkreis 19 kommt die SPD in Modell A auf acht Mandate, gefolgt von der DDP mit sechs und der CVP mit zwei Parlamentssitzen. In Modell B entsenden die DDP sechs Abgeordnete, die SPD und CVP jeweils vier sowie DNVP und DVP je einen.

Wahlkreis 20: Regierungsbezirke Köln und Aachen

Der Wahlkreis 20 umfasste das Gebiet der fünf Reichstagswahlkreise des Regierungsbezirks Aachen sowie die sechs Reichstagswahlkreise des Regierungsbezirks Köln. Dabei war der Reichstagswahlkreis Stadt Köln mit dem Reichstagswahlkreis Landkreis Köln sowie den nach Köln eingemeindeten Teilen von Mülheim a. Rhein-Wipperfürth-Gummersbach bereits durch die Wahlsystemreform vom Sommer 1918 zusammengelegt und in einen Drei-Personen-Wahlkreis umgewandelt worden. Bei den Wahlen zur Nationalversammlung bestand eine Listenverbindung zwischen DNVP und DVP. Dieses Bündnis ging nochmals eine Listenverbindung mit der CVP ein.

Dass es den Statistikern nicht möglich war, die Ergebnisse der Reichstagswahlkreise Stadt Köln und Landkreis Köln zu trennen, wird durch die Zusammenlegung beider für die vorliegende Untersuchung unerheblich. Beachtet werden muss jedoch, dass das Ergebnis für Mülheim a. Rhein-Wipperfürth-Gummersbach gesondert angegeben wurde und nicht klar ist, inwieweit die Ergebnisse der an den Drei-Personen-Wahlkreis Köln abzutretenden Gemeinden abgezogen wurden oder nicht. Dennoch kann davon ausgegangen werden, dass sich die Mandatsverteilung durch diese Unterschiede nicht änderte. In Köln erhielt die Listenverbindung aus DNVP, DVP und CVP nämlich 50,4 %, wobei die CVP allein schon 42,8 % der Stimmen auf sich vereinigte. Die SPD folgte mit 38,2 %, die drittstärkste Einzelpartei DDP kam nur auf 10,1 %. Ganz ohne Zweifel wären zwei der köllschen Mandate an die CVP und eines an die SPD gegangen, einzig bei Ausbleiben der Wahlsystemreform vom Sommer 1918 wäre es zu Stichwahlen zwischen diesen beiden Parteien mit ungewissem Ausgang gekommen.

Anders verhält es sich mit dem Reichstagswahlkreis Mülheim a. Rhein-Wipperfürth-Gummersbach. Die Statistik weist 47,4 % für die CVP und 30,5 % für die SPD aus. Es folgte die DDP mit 13 %, die sozialistischen Parteien kamen auf zusammen 30,7 %. Die sozialistisch-linksliberale Minderheit war selbst unter diesen Bedingungen mit 43,7 % schon eindeutig und wäre wohl noch eindeutiger, sollten noch städtische Regionen an den neuen Reichstagswahlkreis Köln abzugeben sein. Das Mandat kann folglich als sicher für die CVP gelten.

Das gilt ebenso für die übrigen Reichstagswahlkreise des Wahlkreises 20, in denen die CVP vermutlich überall bereits im ersten Wahlgang den Parlamentssitz erobert hätte. Sie erhielt in Rheinbach-Bonn 60,9 %, in Siegkreis-Waldbröl 61,8 %, in Düren-Jülich 76,3 %, in Bergheim-Euskirchen 78,4 %, in Schleiden-Malmedy-Montjoie 89,1 % und in Geilenkirchen-Heinsberg-Erkelenz 90,6 %. Einzig für die beiden Reichstagswahlkreise Eupen-Aachen Land-Burtscheid und Stadt Aachen besteht insofern Unklarheit, als die Statistiker die Ergebnisse beider nicht voneinander trennen konnten. Das Zentrum hatte allerdings in beiden Fällen jede Wahl seit der Jahrhundertwende bereits im ersten Wahlgang gewonnen und kam die CVP auch jetzt auf insgesamt 66,5 %, sodass beide Mandate dieser Partei zugerechnet werden.

Damit erhalten die CVP im Wahlkreis 20 in jedem Fall elf und die SPD ein Mandat.

Wahlkreis 21: Fürstentum[34] Birkenfeld sowie die Regierungsbezirke Koblenz und Trier

Der Wahlkreis 21 umfasste den größten Teil der Regierungsbezirke Koblenz und Trier sowie das zu Oldenburg gehörige Fürstentum Birkenfeld. Da Letzteres zusammen mit Gebieten unter anderem des oldenburgischen Kernlandes einen Reichstagswahlkreis bildete, wird sein Wahlergebnis gemeinsam mit dem übrigen Großherzogtum Oldenburg im Kapitel zum Wahlkreis 15 behandelt. Umgekehrt bildete der Kreis Wetzlar des Regierungsbezirks Koblenz eine im Wahlkreis 19 gelegene Exklave. Da aber auch er keinen eigenen Reichstagswahlkreis darstellte, wird sein Ergebnis hier be-

---

34 Die vom Statistischen Reichsamt herausgegebenen Unterlagen verwenden für die oldenburgischen Exklaven Birkenfeld und Lübeck durchgängig die Bezeichnung „Fürstentum".

handelt. Bei den Wahlen zur Nationalversammlung bestand eine Listenverbindung von DNVP, CVP und DDP. DVP und USPD traten nicht an.

Von den insgesamt zwölf Reichstagswahlkreisen konnte die CVP sieben im ersten Wahlgang erobern. Sie erhielt 59,7 % in Koblenz-St. Goar, 72,3 % in Wittlich-Bernkastel, 73,2 % in Saarburg-Merzig-Saarlouis, 76 % in Mayen-Ahrweiler, 77,3 % in Adenau-Kochem-Zell, 77,9 % in Trier und 89,4 % in Daun-Prüm-Bitburg.

In allen übrigen Reichstagswahlkreisen hätte es die CVP immerhin in die Stichwahl geschafft, dabei einmal, nämlich in Kreuznach-Simmern, mit 36 % gegen die DDP, welche 41,5 % der Stimmen erhielt. Es folgte die SPD mit 18,8 %, woraus sich eine sozialdemokratisch-linksliberale Mehrheit von 60,3 % ergab. Kreuznach-Simmern war 1903 in einer Stichwahl von den Nationalliberalen mit 58,9 % gegen das Zentrum erobert worden. 1907 verteidigten sie das Mandat bereits im ersten Wahlgang mit 54,7 % und 1912 erneut in einer Stichwahl gegen den Bund der Landwirte mit 56,2 %. Angesichts dieser Vorgeschichte, des starken Eigengewichts der DDP sowie der deutlichen linken Mehrheit bei der Wahl zur Nationalversammlung wird das Mandat in beiden Modellen den Linksliberalen angerechnet.

In drei der verbleibenden vier Reichstagswahlkreise wäre es zu Stichwahlen zwischen der CVP und der SPD gekommen. In Neuwied erreichten Erstere 47,6 % und Letztere 27,9 % der Stimmen. Es folgte die DDP mit 23,7 %, wodurch sich eine knappe sozialdemokratisch-linksliberale Mehrheit von 51,6 % ergab. Dennoch war Neuwied bislang eine ausgesprochene Zentrumshochburg: Die Partei gewann den Reichstagswahlkreis stets im ersten Wahlgang mit 56,6 % 1903, 55,4 % 1907 und 54,8 % 1912. Angesichts des geringen Eigengewichts der SPD und dieser Vorgeschichte kann nicht davon ausgegangen werden, dass ausreichend linksliberale Wähler bereit gewesen wären, den Sozialdemokraten gegen die CVP das Mandat zu verschaffen, sodass Letztere den Parlamentssitz in beiden Modellen zugesprochen bekommen.

In Ottweiler-St. Wendel lagen die Verhältnisse ähnlich. Die CVP kam hier auf 43,3 %, die SPD auf 32,7 %. Es folgte die DDP mit 18,6 %, womit erneut eine denkbar knappe sozialdemokratisch-linksliberale Mehrheit von 51,3 % vorhanden war. Unterschiede bestehen aber in der Vorgeschichte: In Ottweiler-St. Wendel hatte sich das Zentrum 1903 zwar im ersten Wahlgang durchsetzen können, aber nur mit 50,1 % der Stimmen. 1907 gewann ein von Konservativen, National- und Linksliberalen gemeinsam aufgestellter Parteiloser in der Stichwahl gegen das Zentrum mit 51,3 %, und obwohl Letzteren die Rückeroberung des Parlamentssitzes 1912 gelang, war dies nur mit 50,8 % in einer Stichwahl gegen die Nationalliberalen möglich. Angesichts dieser Vorgeschichte ist es deutlich wahrscheinlicher, dass die knappe sozialdemokratisch-linksliberale Mehrheit auch in die Stichwahl hätte gerettet werden können, sodass Ottweiler-St. Goar in Modell A der SPD und nur in Modell B der CVP angerechnet wird.

Im Reichstagswahlkreis Saarbrücken erwies sich die SPD mit 43,2 % als stärkste Kraft, die CVP kam auf lediglich 34,3 %. Es folgte die DDP mit 21,3 %, womit sich eine starke sozialdemokratisch-linksliberale Mehrheit von 64,4 % ergab. Der Reichstagswahlkreis war 1903 im ersten Wahlgang von den Nationalliberalen mit 52,6 % der Stimmen erobert und 1907 sowie 1912 in Stichwahlen gegen das Zentrum mit 51,6 % respektive 52,9 % verteidigt worden. Da es bis dahin aber weder Sozialdemokraten noch Linksliberale in eine Stichwahl geschafft hatten, bleibt das Abstimmungsverhalten der Liberalen im zweiten Wahlgang unvorhersehbar und muss ein SPD-Wahlsieg zwar als wahrscheinlich, kann aber nicht als sicher gelten. Das Mandat wird daher in Modell A der SPD und in Modell B der CVP zugewiesen.

Damit verbleibt der Reichstagswahlkreis Wetzlar-Altenkirchen, der aufgrund seiner Aufteilung auf zwei Wahlkreise mit unterschiedlichem Parteienangebot einige Probleme bereitet. Formal erwies sich die SPD mit 31,2 % als stärkste und die CVP mit 25 % als zweitstärkste Kraft. Die sozialistischen Parteien kamen auf zusammen 33,8 %, die DNVP auf 15,8 %. Die Statistik weist für die DDP 10,4 % aus, für die nur im Kreis Wetzlar kandidierende DVP 5,5 % sowie nochmals 9,5 % für einen von beiden liberalen Parteien gemeinsam getragenen Wahlvorschlag. In der Summe stellte die liberale Wählerschaft damit 25,4 % der abgegebenen Stimmen und hätte folglich den Einzug in die Stichwahl knapp erreicht. In Wetzlar-Altenkirchen hatten sich 1903 die Nationalliberalen im zweiten Wahlgang mit 67,6 % gegen das Zentrum durchgesetzt, 1907 und 1912 waren sie mit 41,9 % respektive 45,6 % den Christlich-Sozialen unterlegen. Da nicht sicher davon ausgegangen werden kann, dass tatsächlich alle Wähler von DDP, DVP und ihres gemeinsamen Wahlvorschlags auch einem gemeinsamen Bewerber gefolgt und nicht ein größerer Teil zu einer anderen Partei gewechselt wäre oder Wahlenthaltung geübt hätte und weil der Abstand zwischen dem kombinierten liberalen Ergebnis und dem der CVP nur 302 Stimmen betrug, wird in dieser Untersuchung von einer Stichwahl zwischen SPD und CVP ausgegangen, doch muss auf die Alternative eines Duells zwischen SPD und DVP oder DDP zumindest verwiesen werden. In diesem Fall hätten die Liberalen das Mandat vermutlich erhalten, so bleibt eine Vorhersage angesichts der Vorgeschichte wie auch des relativ geringen eigenen Stimmenanteils von SPD und CVP unmöglich, sodass das Mandat in Modell A ersterer, in Modell B letzterer Partei zugesprochen wird.

Im Wahlkreis 21 hätte sich damit die CVP in jedem Fall als erfolgreichste Partei erwiesen. Sie erhält in Modell A acht Sitze, drei entfallen auf die SPD und einer auf die DDP. In Modell B kann die CVP sogar elf Vertreter ins Parlament entsenden, nur ein Mandat muss sie der DDP überlassen.

Wahlkreise 22 und 23: Regierungsbezirk Düsseldorf

Die Wahlkreise 22 und 23 umfassten das Gebiet der zwölf Reichstagswahlkreise des Regierungsbezirks Düsseldorf, wobei zum Wahlkreis 22 die fünf Reichstagswahlkreise Lennep-Mettmann, Städte Elberfeld und Barmen, Solingen, Düsseldorf sowie Essen zusammengefasst wurden. Zu beachten ist, dass bei den Wahlen zur Nationalversammlung nur im Wahlkreis 23 eine Listenverbindung zwischen DNVP, DVP und CVP bestand. Im Wahlkreis 22 trat die DVP dagegen nicht an, sodass sich die Listenverbindung hier auf ein Bündnis auf DNVP und CVP beschränkte.

Dass dennoch beide Wahlkreise in einem Kapitel gemeinsam behandelt werden, liegt an der Wahlsystemreform vom Sommer 1918, die im Regierungsbezirk Düsseldorf besonders intensive Auswirkungen zeitigte. Hier wurden zunächst die Reichstagswahlkreise Essen und Mülheim a. d. Ruhr-Duisburg zu Drei-Personen-Wahlkreisen erhoben, wobei nach Essen respektive Oberhausen eingemeindete Gemeinden zwischen den beiden Reichstagswahlkreisen getauscht wurden. Des Weiteren entstanden zwei Zwei-Personen-Wahlkreise, indem der Reichstagswahlkreis Düsseldorf um zur Stadt Düsseldorf gehörende Teile des Reichstagswahlkreises Neuss-Grevenbroich und der Reichstagswahlkreis Städte Elberfeld und Barmen um Teile von Lennep-Mettmann erweitert wurden. Da auf diese Weise Gemeinden über die Grenzen der Wahlkreise 22 und 23 ausgetauscht wurden, wäre es unsinnig, beide gesondert zu behandeln, zumal sich das Parteienangebot ja nur darin unterschied, dass die DVP im Wahlkreis 22 nicht kandidierte. Was den Zuschnitt der Reichstagswahlkreise durch die Wahlsystemreform vom Sommer 1918 anbelangt, so wird für die Untersuchung erneut angenommen, dass die Wahlergebnisse sich dadurch nicht soweit änderten, dass eine andere Mandatsverteilung eingetreten wäre.

Weit schwerer wiegt ohnehin der Vermerk der Statistiker zum Reichstagswahlkreis Mülheim a. d. Ruhr-Duisburg, dass die angegebenen Zahlen infolge Störungen unvollständig seien.[35] Bei den dennoch aufgenommenen Stimmen erwies sich die SPD mit 36,8 % als stärkste Kraft, gefolgt von der CVP mit 29,6 % und der DVP mit 17,1 %. Die Listenverbindung aus CVP, DVP und DNVP kam auf 55,1 %. Ihr wären damit zwei Mandate zugefallen, von denen eines an die CVP und das andere an die DVP gegangen wäre; die SPD hätte ein Mandat erhalten. Dass dieses Ergebnis durchaus nahe am tatsächlichen Resultat gelegen haben dürfte, zeigt der Blick auf die seit der Jahrhundertwende vorgenommenen Urnengänge: Das Zentrum war in Mülheim a. d. Ruhr-Duisburg auf Werte zwischen 28,5 % 1912 und 29,4 % 1907 gekommen. Vergeben wurde das Mandat regelmäßig in

---

35 Statistisches Reichsamt (Hrsg.): Vierteljahreshefte, S. 282.

Stichwahlen zwischen Nationalliberalen und Sozialdemokraten, wobei Erstere 1903 mit 54,9 % und 1912 mit 59,2 %, Letztere dagegen 1907 mit 52,8 % der Stimmen erfolgreich waren. Für beide Modelle wird daher angenommen, dass SPD, CVP und DVP jeweils ein Mandat erhalten hätten. Nur angemerkt sei, dass es ohne Wahlsystemreform zu einer Stichwahl zwischen Mehrheitssozialdemokraten und Christlicher Volkspartei gekommen wäre, deren Ausgang nicht abgeschätzt werden kann.

Im anderen Drei-Personen-Wahlkreis Essen erwies sich die CVP mit 37,9 % eindeutig als stärkste Kraft; ihre Listenverbindung mit der DNVP holte mit 52,9 % auch hier die absolute Mehrheit. Auf dem zweiten Platz fand sich die SPD, für welche sich 29 % der Wähler entschieden, wieder. Aus eigener Kraft hätte es die DNVP immerhin mit 14,9 % auf den dritten Platz geschafft, die USPD folgte mit 10,2 %. Genutzt hätte den Deutsch-Nationalen das Bündnis jedoch nichts, denn da sie weniger als halb so viel Stimmen wie die CVP erhielten, hätte der Reichstagswahlkreis Essen mit wie ohne Listenverbindung zwei Vertreter der CVP und einen der SPD ins Parlament entsandt. Ohne jegliche Wahlsystemreform wäre es auch hier zu einer Stichwahl zwischen diesen beiden Parteien gekommen, wobei die Christliche Volkspartei aufgrund der wenn auch geringen CVP-DNVP-Mehrheit mit größerer Wahrscheinlichkeit erfolgreich gewesen wäre als in Mülheim a. d. Ruhr-Duisburg.

In den Reichstagswahlkreisen Städte Elberfeld und Barmen sowie Düsseldorf blieb das Bündnis unter den rechten Parteien schon dadurch wirkungslos, weil hier jeweils ein Mandat weniger vergeben wurde. Im Gebiet des späteren Wuppertals setzte sich die SPD mit 37,7 % als stärkste Einzelpartei durch, blieb damit jedoch knapp hinter der Listenverbindung zurück, für die sich 38,2 % der Wähler entschieden. Dabei war die DNVP mit 26,4 % der Stimmen deutlich stärker als die CVP mit 11,9 %. Die DDP kam auf 13,2 % und die USPD auf 10,9 %, sodass die sozialistischen Parteien zusammen die absolute Mehrheit mit 48,6 % knapp verfehlten. Damit wäre eigentlich ein Mandat an die SPD und eines an die DNVP gegangen, doch muss beachtet werden, dass sich die DVP in den Teilen des Regierungsbezirks Düsseldorf, wo sie getrennt von den Deutsch-Nationalen antrat, fast durchweg als deutlich erfolgreicher erwies als ihr Bündnispartner. Wäre es also auf dem Gebiet des Wahlkreises 22 ebenso wie im Wahlkreis 23 zu einer eigenen DVP-Kandidatur gekommen, wäre diese aller Voraussicht nach zur stärksten Partei innerhalb der Listenverbindung geworden und hätte damit das zweite Mandat erhalten. Aus diesem Grund geht nur Modell B davon aus, dass der Reichstagswahlkreis Städte Elberfeld und Barmen je einen Vertreter von SPD und DNVP ins Parlament entsandt hätte, in Modell A findet hingegen je ein Abgeordneter von SPD und DVP. Wäre es zu keiner Wahlsystemreform gekommen, hätte sich in einer Stichwahl der Vertreter einer dieser drei Parteien durchgesetzt, wobei ein Sieg der Deutsch-Nationalen aufgrund ihrer exponierten Stellung sowie der starken sozialistischen Minderheit als eher unwahrscheinlich gelten muss.

Im Reichstagswahlkreis Düsseldorf sah die Welt ganz anders aus. Als stärkste Kraft erwies sich hier die CVP, für die sich 39 % der Wähler entschieden. Auf dem zweiten Platz folgte die USPD mit 25,1 %, sodann die SPD mit 14,4 % und die DDP mit 12 %. Als entscheidend erwies sich jedoch das Abschneiden der DNVP, welches die Listenverbindung auf 48,5 % der Stimmen brachte und sie damit nur knapp das zweite Mandat verpassen ließ. So wäre ein Parlamentssitz an die CVP und einer an die USPD gegangen. Ohne Wahlsystemreform hätte die Christliche Volkspartei das Mandat in einer Stichwahl gegen die Unabhängigen Sozialdemokraten voraussichtlich erobert.

Von den verbleibenden acht Reichstagswahlkreisen wären vier bereits im ersten Wahlgang von der CVP erobert worden, die in Gladbach 60,4 %, in Neuss-Grevenbroich 67,3 %, in Kempen 74,2 % und in Kleve-Geldern 79,7 % der Stimmen erhielt.

Als schwieriger erweist sich die Bestimmung des Wahlsiegers in Lennep-Mettmann, wo einige Gemeinden an den Reichstagswahlkreis Städte Elberfeld und Barmen abgegeben wurden. Stärkste Kraft wurde hier die USPD mit 28,2 %, auf den zweiten Platz kam die SPD mit 20,7 % – und mit nur 504 Stimmen Rückstand die DNVP auf den dritten, was 20,3 % entsprach. Es folgten die DDP mit 17,7 % und die CVP mit 13,1 %. Die sozialistischen Parteien verpassten die absolute Mehrheit knapp mit zusammen 48,9 %. Unter diesen Umständen erweist sich die Unwissenheit, inwieweit das Ergebnis die Verhältnisse vor oder nach der Wahlsystemreform vom Sommer 1918 wiedergibt, als fatal, denn sollten hier die älteren Grenzen benutzt worden sein und wären damit in der Realität noch einige weitere Gemeinden abgegeben worden, hätte vermutlich die DNVP statt der SPD die zweite Wahlrunde erreicht. Während aber davon ausgegangen werden kann, dass konservative und liberale Wähler bei einer Stichwahl der SPD gegen die USPD zum Sieg verholfen hätten, bleibt der Wahlausgang im Falle eines Aufeinandertreffens von DNVP und USPD völlig offen, hätte doch schon die Wahlenthaltung einer ausreichenden Zahl von Linksliberalen oder CVP-Anhängern einen Sieg der Unabhängigen Sozialdemokraten ermöglichen können. Auch der Blick in die Vorgeschichte bringt wenig Klärung, waren die Wahlen in Lennep-Mettmann seit der Jahrhundertwende doch stets in Stichwahlen zwischen Freisinnigen und Sozialdemokraten entschieden worden, welche Erstere 1907 mit 55,4 %, Letztere 1903 und 1912 mit 52 % respektive 52,6 % für sich entschieden. Da in der Untersuchung jedoch bislang stets davon ausgegangen wurden, dass die Reihenfolge der Parteien von den Statistikern korrekt festgehalten wurde, wird von einer Stichwahl zwischen den sozialistischen Parteien ausgegangen, die dann von der SPD in beiden Modellen gewonnen wird. Auf einen möglichen USPD- oder DNVP-Sieg muss jedoch zumindest verwiesen werden.

Mit Sicherheit zu einer Stichwahl zwischen den beiden sozialistischen Parteien wäre es dagegen im Reichstagswahlkreis Solingen gekommen. Die SPD erwies sich hier mit 29 % knapp als stärkste Kraft vor der USPD mit 26,9 %. Es folgten die CVP mit 20,9 % und die DDP mit 15,7 %. Da die SPD allein schon mehr Stimmen erhalten hatte als die USPD und vermutlich von den Anhängern anderer Parteien eher unterstützt worden wäre, fällt den Mehrheitssozialdemokraten das Mandat in beiden Modellen zu.

In den beiden verbleibenden Reichstagswahlkreisen hätten schließlich Stichwahlen zwischen der CVP und der SPD stattgefunden, wobei Letztere zumindest in Mörs-Rees als chancenlos gelten muss. Die Christliche Volkspartei kam hier auf 42,1 %, die Mehrheitssozialdemokraten lediglich auf 28,3 %. Es folgten die DVP mit 11,9 % und die DNVP mit 10,7 %, die USPD wurde nicht gewählt. Angesichts einer CVP-DNVP-Mehrheit von 52,8 % und einer eindeutigen sozialdemokratisch-linksliberalen Minderheit von 35,2 % muss das Mandat als sicher für die CVP betrachtet werden.

Ähnlich lagen die Verhältnisse im Reichstagswahlkreis Krefeld. Die CVP kam hier bei der Wahl zur Nationalversammlung sogar auf 47,8 %, die SPD immerhin auf 34,8 %. Es folgte die DDP mit 11,3 %, die USPD fand nur vier Wähler. Die CVP-DNVP-Mehrheit betrug damit 50,4 %, die sozialistisch-linksliberale Minderheit war mit 46,1 % schwächer als die CVP allein. Diesen Verhältnissen entsprechen die knappen Mehrheiten, mit denen das Zentrum Krefeld seit der Jahrhundertwende, wenn auch stets im ersten Wahlgang, erobert hatte: 1903 waren es 52,1 % gewesen, 1907 51,8 % und 1912 51,4 %. Auch dieses Mandat kann daher als sicher für die CVP angesehen werden.

Die CVP erweist sich in beiden Modellen als erfolgreichste Partei im Regierungsbezirk Düsseldorf und erhält jeweils zehn der achtzehn zu vergebenden Mandate. Ebenso entsendet die SPD in jedem Fall fünf Abgeordnete. Unterschiede ergeben sich erst auf den Plätzen: In Modell A erobern die DVP zwei und die USPD ein Mandat, in Modell B dagegen entsenden USPD, DVP und DNVP jeweils einen Vertreter ins Parlament.

Wahlkreis 24: Oberbayern und Schwaben

Der Wahlkreis 24 ist die erste gänzlich außerhalb Preußens gelegene Region bei den Wahlen zur Nationalversammlung. Er setzte sich aus den acht respektive sechs Reichstagswahlkreisen der bayerischen Regierungsbezirke Oberbayern und Schwaben zusammen. Mit der Wahlsystemreform vom Sommer 1918 war das Stadtgebiet von München zu einem Drei-Personen-Wahlkreis zusammengefasst worden, was eine Vereinigung von Teilen des Reichstagswahlkreises München II mit dem Reichstagswahlkreis München I bedeutete.

Das Parteienangebot in Bayern wich stark von dem im Rest des Reiches ab. Insgesamt wurden im Wahlkreis 24 acht Listen bei der Wahl zur Nationalversammlung eingereicht: 1. Bayerische

Mittelpartei und Nationalliberale Landespartei, 2. Bayerische Volkspartei, 3. Deutsche Volkspartei in Bayern, 4. SPD, 5. USPD, 6. Bayerischer Bauernbund sowie 7. und 8. die Mittelstandspartei und die Republikanische Vereinigung, die mit zusammen 640 Stimmen aber bedeutungslos blieben. Die Statistiker wiesen Bayerische Mittelpartei und Nationalliberale Landespartei der DNVP zu, die Bayerische Volkspartei der CVP und die Deutsche Volkspartei in Bayern der DDP. Da dem bayerischen Flügel des Zentrums respektive der CVP aber stets eine Sonderrolle zukam, soll sie hier unter dem üblichen Namen Bayerische Volkspartei bezeichnet, mit BVP abgekürzt und ihre Mandate nicht der CVP zugerechnet werden. Es bestanden zwei Listenverbindungen: Einerseits zwischen DNVP und BVP, andererseits zwischen SPD und USPD. Letzterem Bündnis neigte auch der Bayerische Bauernbund (im Folgenden abgekürzt: BB) zu, der in klarer Opposition zum Zentrum in der Novemberrevolution mit der USPD-SPD-Regierung Kurt Eisners kooperierte.[36]

Der aus dem Gemeindegebiet von München bestehende Drei-Personen-Wahlkreis München stellt insofern ein besonderes Problem dar, als der Reichstagswahlkreis München II von Anfang an sowohl Teile der bayerischen Hauptstadt als auch den größten Teil der Bezirksämter München, Starnberg und Wolfratshausen umfasste.[37] Indem nun der Reichstagswahlkreis München II einen beträchtlichen Teil seiner Wählerschaft an die neuen Drei-Personen-Wahlkreis München abgegeben hat und auch die Statistiker die Ergebnisse für die Reichstagswahlkreise München I und II nur ungetrennt veröffentlichten, ist eine Abschätzung des Wahlergebnisses sowohl für die Stadt München als auch für die Rest des Reichstagswahlkreises München II schwierig. Insgesamt erwies sich die SPD mit 44,2 % der Stimmen als stärkste Kraft, gefolgt von der BVP mit 24,9 % und der DDP mit 17,6 %. Die eine Listenverbindung eingegangenen sozialistischen Parteien kamen zusammen auf eine Mehrheit von 53,7 %, die Listenverbindung aus BVP und DNVP auf 26,9 %. In München I waren die Mandate seit der Jahrhundertwende stets in Stichwahlen vergeben worden: 1903 hatte sich die SPD mit 62,6 % gegen die Nationalliberalen durchgesetzt, 1907 siegten Letztere gegen Erstere mit 52,8 %, 1912 die Linksliberalen gegen die Sozialdemokraten mit 50,7 %. In München II war die SPD 1903 wie 1912 mit 56,2 % respektive 55,7 % der Stimmen bereits im ersten Wahlgang erfolgreich gewesen. Einzig 1907 mussten sie in die Stichwahl gegen einen parteilosen, von den Liberalen unterstützten Kandidaten, die sie mit 64,1 % gewannen. Das Zentrum hatte in München I Werte zwischen 17,4 % (1912) und 23,2 % (1907) erhalten, in München II zwischen 23,6 % (1903) und 28 % (1912).

Auf Grundlage dieser Daten lässt sich folgendes Szenario annehmen: Die sozialistische Listenverbindung dürfte zur stärksten Kraft in der Stadt München geworden sein, sodass der SPD als der stärkeren der beiden Parteien ein Mandat sicher gewesen wäre. Da die Sozialdemokraten in München I stets in die Stichwahl gegen einen liberalen Vertreter mussten und das Zentrum hier schlechter abgeschnitten hatte als in München II, dürfte auch das Gros der DDP-Wähler in der Stadt München gewohnt haben. Im Restreichstagswahlkreis München II wäre es, sofern die SPD das Mandat nicht im ersten Anlauf geholt hätte, demzufolge zu einer Stichwahl zwischen ihr und der BVP mit ungewissem Ausgang gekommen, sodass das Mandat in Modell A den Mehrheitssozialdemokraten, in Modell B der Bayerischen Volkspartei zufällt. Für die Stadt München sind mehrere Szenarien denkbar. Die für die Sozialisten günstigste und daher in Modell A angenommene Variante geht dahin, dass die sozialistische Listenverbindung doppelt so stark war wie der Drittplatzierte und daher zwei Abgeordnete entsendet hätte, die angesichts des deutlichen Übergewichts der SPD wohl beide von den Mehrheitssozialdemokraten gestellt worden wären. Das zweite Mandat wäre angesichts der Stärke des Zentrums in München II vermutlich der DDP zugefallen. In der ungünstigsten Variante wäre die sozialistische Listenverbindung nicht mehr als doppelt so erfolgreich wie der Drittplatzierte gewesen und hätte folglich nur einen von der SPD gestellten Vertreter entsenden können, wohingegen die anderen beiden Abgeordneten dann auf DDP und BVP entfallen wären. Dieses

36 Vgl. https://www.historisches-lexikon-bayerns.de/Lexikon/Bayerischer_Bauernbund_(BB),_1895-1933#Politisches_Selbstverst.C3.A4ndnis_und_programmatische_Ausrichtung, abgerufen am 25.2.2019.
37 Vgl. Reibel: Handbuch, Bd. 2, S. 971.

Szenario wird in Modell B angenommen.

Von den verbleibenden zwölf Reichstagswahlkreisen wäre lediglich einer bereits im ersten Wahlgang von der BVP erobert worden, und zwar Aichach mit 51,4 %.

In fünf Reichstagswahlkreisen wäre es zu Stichwahlen zwischen der SPD und der BVP gekommen, wobei Erstere nur in Augsburg mit 43,2 % in Führung gelegen hätte. Die BVP kam hier auf 35,2 %, gefolgt von der DDP mit 14,6 %. Die sozialistischen Parteien kamen auf zusammen 45,6 %, die Listenverbindung aus BVP und DNVP auf 35,9 %. Der Reichstagswahlkreis war seit der Jahrhundertwende stets ans Zentrum gegangen, 1903 und 1907 im ersten Wahlgang mit 52,1 % respektive 51,9 %, 1912 in einer Stichwahl gegen die SPD mit 50,7 %. Angesichts dieser Vorgeschichte und des ausgesprochen schwachen Eigengewichts der Bayerischen Volkspartei wird das Mandat in Modell A der SPD, im in diesem Fall unwahrscheinlicheren Modell B der BVP angerechnet.

In den übrigen vier Stichwahlen zwischen BVP und SPD hätte es für Erstere deutlich besser ausgesehen. Da aber in keinem Fall eine Stimmenmehrheit für die BVP-DNVP-Listenverbindung erreicht wurde, werden diese Mandate in Modell A allesamt der SPD, in Modell B allesamt der BVP angerechnet.

Es handelt sich hierbei zunächst um den Reichstagswahlkreis Weilheim, wo die BVP mit 40,5 % auf eine 26,9 % starke SPD getroffen wäre. Auf sonstige Parteien entfielen 26 %, wohinter sich fast geschlossen der Bayerische Bauernbund verborgen haben dürfte. Die sozialistischen Parteien kamen auf zusammen 27,3 %, die BVP-DNVP-Listenverbindung auf 40,9 %.

Im Reichstagswahlkreis Immenstadt kamen die BVP auf 40,6 % und die SPD auf 24,1 %. Es folgten der BB mit 19,4 % und die DDP mit 13,8 %. Die sozialistischen Parteien erreichten zusammen 25,8 %, die BVP-DNVP-Listenverbindung 41,1 %.

Im Reichstagswahlkreis Rosenheim kamen die BVP auf 44,3 % und die SPD auf 32,6 %. Es folgte der BB mit 16,4 %. Die sozialistischen Parteien erreichten zusammen 33,3 %, die BVP-DNVP-Listenverbindung 44,6 %.

Im Reichstagswahlkreis Ingolstadt schließlich kamen die BVP auf 47,2 % und die SPD auf 31,6 %. Es folgte der BB mit 15,2 % der Stimmen. Die sozialistischen Parteien erreichten zusammen 32,6 %, die BVP-DNVP-Listenverbindung 47,4 %.

In den verbleibenden sechs Reichstagswahlkreisen wäre es zu Stichwahlen zwischen der BVP und dem BB gekommen. Auch hier ergab sich nirgends eine Mehrheit für die Listenverbindung aus Bayerischer Volkspartei und Deutsch-Nationalen. Dafür kann eines der Mandate als sicher für den Bayerischen Bauernbund gelten, und zwar dasjenige des Reichstagswahlkreises Illertissen. Die BVP erwies sich hier mit 34,8 % der Stimmen zwar knapp als stärkste Kraft vor dem BB, für welchen sich 32,8 % der Wähler entschieden. Ausschlaggebend ist jedoch, dass es die SPD mit 23,6 % auf den dritten Platz schaffte. Damit bestand eine BB-SPD-Mehrheit von 56,4 %; da die USPD nur 41 Stimmen erhielt, kann ihr Beitrag vernachlässigt werden. Es steht zu vermuten, dass diese Mehrheit ausreichend gewesen wäre, um den Vertreter des Bayerischen Bauernbunds zu einem Sieg in der Stichwahl zu verhelfen, da die sozialdemokratischen Wähler ihn einem BVP-Kandidaten vermutlich vorgezogen hätten. Das Mandat geht daher in beiden Modellen an den BB.

Damit bleiben fünf Reichstagswahlkreise übrig, in denen weder die Listenverbindung aus BVP und DNVP noch die sozialistischen Parteien und der Bayerische Bauernbund aus eigener Kraft eine Mehrheit errangen. In allen diesen Fällen wäre das vermutlich zugunsten des BB ausschlagende, aber letztlich doch unsichere Verhalten der Mehrheit der linksliberalen Wählerschaft entscheidend gewesen, sodass die Mandate im Modell A dem Bayerischen Bauernbund, in Modell B der BVP angerechnet werden.

Am ehesten noch zu einer Mehrheit für Letztere hätte es im Reichstagswahlkreis Wasserburg gereicht. Die BVP hätte das Mandat hier hauchdünn mit 49 % der Stimmen verpasst, ihre Listenverbindung kam auf 49,2 %. Für den Bayerischen Bauernbund entschieden sich 28,9 % der Wähler, für die SPD 19,1 %.

Im Reichstagswahlkreis Dillingen kamen die BVP auf 46,6 % und ihre Listenverbindung auf 47,1 %. Für den BB entschieden sich 23,3 % der Wähler, die SPD folgte mit 20,7 %. Damit waren Bayerische Volkspartei und Deutsch-Nationale zusammen immerhin stärker als Bayerischer Bauernbund und Sozialisten.

Im Reichstagswahlkreis Traunstein kamen die BVP auf 45,7 % und ihre Listenverbindung auf 46,5 %. Für den Bayerischen Bauernbund stimmten hier 26,5 % der Wähler, für die SPD 22,8 %, was eine relative Mehrheit für BB und Sozialisten im Gegensatz zu Bayerischer Volkspartei und Deutsch-Nationalen ergab.

Im Reichstagswahlkreis Kaufbeuren kamen die BVP auf 44,9 % und ihre Listenverbindung auf 45,2 %. Für den BB entschieden sich 32,4 % der Wähler, für die SPD 17,4 %. Bauernbund und sozialistische Parteien kamen zusammen auf 49,8 % der Stimmen, was das Mandat höchstwahrscheinlich in die Hände des BB gelegt hätte.

Schließlich erhielten die BVP im Reichstagswahlkreis Donauwörth 41,4 % und ihre Listenverbindung 42,3 % der Stimmen. Demgegenüber kamen der BB auf 30,4 % und die SPD auf 18,1 %, er und die sozialistischen Parteien zusammen auf 48,6 %.

Insgesamt erhalten die SPD in Modell A acht und der Bayerische Bauernbund sechs Mandate, BVP und DDP entsenden dagegen jeweils einen Vertreter ins Parlament. Das Resultat in Modell B ist hier genau umgekehrt: 13 Mandaten für die BVP steht nur jeweils eines für SPD, DDP und BB gegenüber.

Wahlkreis 25: Niederbayern und Oberpfalz

Der Wahlkreis 25 umfasste das Gebiet der sechs respektive fünf Reichstagswahlkreise der bayerischen Regierungsbezirke Niederbayern und Oberpfalz. Bei den Wahlen zur Nationalversammlung bestanden keine Listenverbindungen, allerdings traten weder die DVP noch die DNVP an. Im Übrigen fand das zum Wahlkreis 24 beschriebene Parteiensystem auch hier Anwendung.

Von den insgesamt elf Reichstagswahlkreisen wären fünf bereits im ersten Wahlgang von der Bayerischen Volkspartei erobert worden, welche in Passau mit 50,2 %, in Amberg mit 60,9 %, in Neunburg vorm Wald mit 62,3 %, in Neustadt an der Waldnaab mit 62,6 % und in Neumarkt mit 71,2 % der Stimmen gesiegt hätte. Zudem hätte sich der Bayerische Bauernbund in Pfarrkirchen mit 51,1 % ohne Stichwahl durchgesetzt.

Im letzten oberpfälzischen Reichstagswahlkreis Regensburg hätte die BVP das Mandat mit 49,9 % der Stimmen hauchdünn verpasst. In die Stichwahl wäre außerdem die SPD mit 34,5 % eingezogen, die sozialistischen Parteien erhielten zusammen 36,7 %. Es ist kaum vorstellbar, dass die Anhänger von DDP und Bayerischem Bauernbund die Sozialdemokraten in einem solchen Maße bevorzugt hätten, dass sie sich in der zweiten Wahlrunde gegen die BVP durchgesetzt hätten. Daher wird dieses Mandat in beiden Modellen als sicher für die Bayerische Volkspartei betrachtet.

Darüber hinaus wäre es nur noch im Reichstagswahlkreis Deggendorf zu einer Stichwahl zwischen BVP und SPD gekommen, welche hier 41,4 % respektive 37,3 % der Stimmen erhielten. Der Bayerische Bauernbund folgte mit 17,1 %, die sozialistischen Parteien kamen auf zusammen 37,6 %, sodass eine SPD-USPD-BB-Mehrheit von 54,7 % bestand. Da nicht mit völliger Sicherheit vorhergesagt werden kann, inwieweit sich die Anhänger von DDP und BB eher der SPD oder der BVP zugewandt oder Wahlenthaltung geübt hätten, wird das Mandat in Modell A der ersteren, in Modell B der letzteren Partei zugeschrieben, obwohl ein sozialdemokratischer Wahlsieg als wahrscheinlicher gelten muss.

In den verbleibenden drei niederbayerischen Reichstagswahlkreisen wäre es zu Stichwahlen zwischen BVP und SPD gekommen, wobei in Straubing eine überwältigende Mehrheit für die regionalen Revolutionspartner bestand. Der Bayerische Bauernbund erwies sich hier mit 36,5 % der Stimmen noch vor der Bayerischen Volkspartei, welche 33,2 % erhielt, als stärkste Kraft. Es folgte die SPD mit 26,6 %, die USPD fand 68 Wähler. Angesichts einer SPD-USPD-BB-Mehrheit von

63,2 % kann das Mandat als sicher für den Kandidaten des Bayerischen Bauernbunds gelten.

Deutlich enger lagen die Verhältnisse im Reichstagswahlkreis Kelheim. Die BVP wurde hier von 47,3 % der Wähler gewählt, der BB von 32,8 %. Die SPD folgte mit 17,2 %, die sozialistischen Parteien kamen auf zusammen 17,5 %. Damit ergab sich eine knappe SPD-USPD-BB-Mehrheit von 50,3 %. Angesichts dieses engen Wahlausgangs und der Tatsache, dass letztlich nicht jeder DDP-Anhänger unbedingt für den SPD-Verbündeten gestimmt hätte, wird das Mandat zwar im wahrscheinlicheren Modell A der BB, in Modell B aber der BVP angerechnet.

Das gilt umso mehr für den Reichstagswahlkreis Landshut. Die BVP erreichte hier 45,2 % und der Bayerische Bauernbund 26 %. Es folgte die SPD mit 22,2 %, die USPD erhielt 77 Stimmen. Damit verpassten BB, SPD und USPD die absolute Mehrheit und kamen nur auf 48,4 %. Auch hier geht das Mandat in Modell A an den Bayerischen Bauernbund und in Modell B an die BVP.

Im Wahlkreis 25 hätte sich damit die Bayerische Volkspartei in jedem Fall als große Gewinnerin erwiesen. Sie erhält in Modell A sechs und in Modell B neun Mandate. Der Bayerische Bauernbund entsendet in Modell A vier und in Modell B zwei Vertreter ins Parlament, die SPD kommt nur in Modell A überhaupt auf einen Abgeordneten.

Wahlkreis 26: Unter-, Mittel- und Oberfranken

Der Wahlkreis 26 umfasste das Gebiet der bayerischen Regierungsbezirke Unter-, Mittel- und Oberfranken mit ihren jeweils sechs respektive, im Falle Oberfrankens, fünf Reichstagswahlkreisen. Einer von ihnen, Nürnberg, war durch die Wahlsystemreform vom Sommer 1918 in einen Zwei-Personen-Wahlkreis umgewandelt worden. Bei der Wahl zur Nationalversammlung entsprach das Parteienangebot weitgehend dem des südbayerischen Wahlkreises 24, nur mit dem Unterschied, dass der BB in Franken nicht antrat. Die Listenverbindung von BVP und DNVP bestand dagegen auch hier.

Im Zwei-Personen-Wahlkreis Nürnberg erhielt die SPD mit 52 % die absolute Mehrheit der Stimmen und hätte das dortige Mandat auch ohne Wahlsystemreform mit Sicherheit gewonnen. Der zweite hier zu vergebende Parlamentssitz ging an die DDP, für die 28,1 % der Wähler votierten. Nur angemerkt sei, dass die sozialistischen Parteien zusammen 59,3 % der Stimmen erhielten und damit im Falle einer Listenverbindung der SPD beide Mandate zugefallen wären.

Von den übrigen 16 Reichstagswahlkreisen wären sieben bereits im ersten Wahlgang erobert worden. Die SPD erhielt die absolute Mehrheit neben Nürnberg auch in Bayreuth mit 51,9 % sowie in Erlangen-Fürth mit 53,2 %. Die BVP hätte fünf Mandate in der Hauptwahl erobert: Das von Eichstätt mit 50,5 %, das von Aschaffenburg mit 51,8 %, das von Bamberg mit 56,7 %, das von Neustadt a. d. Saale mit 57,7 % sowie das von Lohr mit 59,7 %.

Beide Parteien hätten sich in fünf weiteren Reichstagswahlkreisen in Stichwahlen gegenübergestanden. Einmal, und zwar in Kronach, hätte die SPD mit 43,1 % gegen 41,1 % in Führung gelegen. Zusammen erhielten die sozialistischen Parteien aber nur 26 Stimmen mehr als die BVP-DNVP-Listenverbindung, was beide Seiten auf 45,3 % brachte. Kronach war 1903 und 1907 im ersten Wahlgang vom Zentrum mit 50,9 % respektive 55 % gewonnen worden. Erst 1912 wurde es von den Sozialdemokraten in eine Stichwahl gezwungen, in der es mit den Stimmen von 53,7 % der Wähler obsiegte. Aufgrund des letztlich unberechenbaren Verhaltens der Linksliberalen wird das Mandat in Modell A der SPD, in Modell B der BVP zugerechnet.

Im sich südlich anschließenden Reichstagswahlkreis Forchheim erreichten die BVP 37,1 % und die SPD 34,4 % der Stimmen. Es folgten die DNVP mit 15,3 % und die DDP mit 12,3 %. Die sozialistischen Parteien kamen auf zusammen 35,2 %, die Listenverbindung auf eine absolute Mehrheit von 52,4 %. 1903 und 1907 war das Mandat von den Nationalliberalen in Stichwahlen gegen das Zentrum mit 52,2 % respektive 51 % der Stimmen erobert worden. 1912 setzte sich der Bund der Landwirte mit Unterstützung von Zentrum und DNVP bereits im ersten Wahlgang mit 61,8 % durch. Angesichts dieser Verhältnisse wird das Mandat in beiden Modellen der BVP zugewiesen.

Im Reichstagswahlkreis Kitzingen errangen die BVP 46,7 % und die SPD 26,5 %. Es folgte die DDP mit 23,8 %. Die USPD fand lediglich 54 Wähler, die Listenverbindung verpasste die absolute Mehrheit mit 49,5 % knapp. Der Reichstagswahlkreis war seit der Jahrhundertwende stets im ersten Wahlgang vom Zentrum erobert worden, obgleich mit teilweise sehr geringem Vorsprung: 1903 hatte es 52,3 % der Stimmen erhalten, 1907 54 % und 1912 50,9 %. Obwohl das Mandat mit an Sicherheit grenzender Wahrscheinlichkeit wie in Modell B an die BVP gegangen wäre, wird in Modell A angesichts einer bestehenden sozialistisch-linksliberalen Mehrheit von 50,3 % von einem Sieg der SPD ausgegangen.

Im Reichstagswahlkreis Schweinfurt kamen die BVP auf 42,7 % und die SPD auf 23,5 %. Es folgten die USPD mit 18,7 % und die DDP mit 12,6 %. Die sozialistischen Parteien kamen damit trotz des guten Abschneidens der USPD nur auf 42,2 % der Stimmen, die Listenverbindung verpasste die absolute Mehrheit mit 45,3 % nun deutlicher. Der Reichstagswahlkreis war 1903 vom Zentrum in einer Stichwahl gegen die Nationalliberalen mit 59,7 % erobert worden, wurde 1907 von ihm mit 51,3 % im ersten Wahlgang genommen und 1912 mit 54,9 % in einer Stichwahl gegen die Sozialdemokraten gehalten. Angesichts dieser Vorgeschichte auf der einen, einer 54,8 % der Stimmen umfassenden sozialistisch-linksliberalen Mehrheit 1919 auf der anderen Seite wird das Mandat in Modell A der SPD und in Modell B der BVP angerechnet.

Im Reichstagswahlkreis Würzburg kamen die BVP auf 44,1 % und die SPD auf 34,5 %. Es folgte die DDP mit 18,9 %. Erneut verpassten die sozialistischen Parteien mit zusammen 35,6 % die absolute Mehrheit ebenso wie die Listenverbindung mit 45,6 %. Anders als bei den früheren Fällen hatte das Zentrum Würzburg seit der Jahrhundertwende nicht durchgängig halten können: Zwar siegte es 1903 mit 59,7 % in einer Stichwahl über die SPD und 1907 in einer weiteren mit 64,7 % über die Linksliberalen, 1912 jedoch musste es sich den Sozialdemokraten im zweiten Wahlgang mit 46,3 % geschlagen geben. Das Mandat wird daher auch hier in Modell A der SPD, in Modell B der BVP gegeben.

In den übrigen vier Reichstagswahlkreisen hätte es die Bayerische Volkspartei nicht in die Stichwahl geschafft, stattdessen hätten sich in zwei Fällen Mehrheitssozialdemokraten und Deutsch-Nationale gegenübergestanden. In Ansbach-Schwabach führte die SPD mit 38,1 %, die DNVP kam auf 29,5 %. Es folgte die DDP mit 23,7 %. Die sozialistischen Parteien waren mit zusammen 38,8 % etwas stärker als die Listenverbindung mit 37,5 %. Die Vorgeschichte des Reichstagswahlkreises glich der von Würzburg, nur mit einer anderen konservativen Partei: 1903 hatten sich die Deutsch-Nationalen in einer Stichwahl mit 57,8 % gegen die SPD und 1907 mit 52,9 % gegen die Freisinnigen durchgesetzt, um 1912 in der zweiten Wahlrunde an den Sozialdemokraten mit 46,9 % zu scheitern. Daher muss ein SPD-Sieg beinahe als sicher gelten; einzig, um, auch angesichts des knappen Abstands zwischen dem Ergebnis der sozialistischen Parteien und demjenigen der Listenverbindung, alle Eventualitäten zu berücksichtigen, wird er in Modell B nicht angenommen und die DNVP begünstigt.

Zu einem ausgesprochen engen Rennen wäre es im Reichstagswahlkreis Dinkelsbühl gekommen, allerdings nur in der ersten Wahlrunde. Die DNVP kam hier auf 47,3 %. Die SPD erreichte als Zweitplatzierte 17,9 %, dicht gefolgt von der DDP mit 17,7 % und der BVP mit 17,1 %. Die USPD wurde nicht gewählt, die Listenverbindung hatte eine deutliche Mehrheit von 64,4 %. Das Mandat war seit der Jahrhundertwende stets im ersten Wahlgang an die Konservativen gegangen, und zwar mit 72,3 % 1903, 56,1 % 1907, 62,2 % in einer Ergänzungswahl ebenfalls 1907 sowie 62,3 % 1912. Der Reichstagswahlkreis kann unter diesen Umständen als sicher für die DNVP gelten, selbst dann noch, wenn es statt der Sozialdemokraten die DDP in die Stichwahl geschafft hätte.

Das wäre in den beiden verbleibenden Reichstagswahlkreisen durchaus der Fall gewesen. In Rothenburg o. d. T. führte die DDP sogar mit 37,4 % der Stimmen vor der SPD mit 29,1 %. Es folgte die DNVP mit 26,3 %, für die USPD entschieden sich lediglich acht Wähler. Angesichts dessen muss ein DDP-Sieg in beiden Modellen als sicher gelten.

Anders verhält es sich mit dem Reichstagswahlkreis Hof, wo die USPD mit 47,2 % außerordentlich stark war. Die DDP kam auf 25,7 %, die SPD auf 17,1 %. Die sozialistischen Parteien hatten damit zusammen eine überwältigende Mehrheit von 64,3 %. Die Vergangenheit des Reichstagswahlkreises Hof war für Bayern auch ausgesprochen rot: 1903 hatten sich die Nationalliberalen in einer Stichwahl gegen die Sozialdemokraten mit lediglich 50,6 % durchsetzen können. Erfolgreicher waren die Linksliberalen, welche die SPD im zweiten Urnengang einer Ergänzungswahl 1905 mit 57,1 % schlugen und 1907 das Mandat sogar im ersten Wahlgang mit 55,7 % eroberten. 1912 gelang es den Sozialdemokraten dann aber doch, den Abgeordneten Hofs zu stellen, indem sie 53,9 % in der Hauptwahl holten. Ein Wahlsieg der USPD muss daher als sehr wahrscheinlich gelten, zumal ihr das Mandat auch dann zugefallen wäre, wenn die SPD-Anhängerschaft mehrheitlich Stimmenthaltung geübt hätte, und wird folglich in beiden Modellen angenommen.

Im Wahlkreis 26 erhält die SPD in Modell A acht, die BVP sechs, die DDP zwei und DNVP sowie USPD jeweils einen Sitz, in Modell B ist die BVP mit zehn Mandaten die erfolgreichste Partei, gefolgt von der SPD mit drei, DDP und DNVP mit jeweils zwei und der USPD mit einem zu entsendenden Vertreter.

Wahlkreis 27: Pfalz

Der Wahlkreis 27 umfasste das Gebiet der sechs Reichstagswahlkreise des bayerischen Regierungsbezirks Pfalz. Bei den Wahlen zur Nationalversammlung bestand eine Listenverbindung zwischen DVP, BVP und DDP. Die DNVP kandidierte nicht.

In drei Reichstagswahlkreisen wäre es zu Stichwahlen zwischen der SPD und BVP gekommen, wobei Erstere aber nur in Speyer mit 48,9 % gegen 22,9 % führte. Die DDP folgte mit 12,7 % und die DVP mit 12,3 %. Die sozialistischen Parteien kamen zusammen auf 52,2 %. Da zudem die Sozialdemokraten das Mandat seit 1898 durchgängig innehatten, kann ein SPD-Wahlsieg als sicher gelten.

Im Reichstagswahlkreis Landau lagen BVP und SPD beinahe gleichauf; beide erhielten 30,6 % bei einem Vorsprung der Ersteren von 64 Stimmen. Es folgten die DDP mit 24 % und die DVP mit 14,3 %. Die sozialistischen Parteien kamen zusammen auf 31 %, allerdings bestand eine sozialistisch-linksliberale Mehrheit von 55 %. Der Reichstagswahlkreis war 1903 von den Nationalliberalen im zweiten Wahlgang mit 62 % gegen das Zentrum gewonnen worden, bei einer Ergänzungswahl 1909 gewann die SPD eine Stichwahl gegen die Nationalliberalen mit 51,9 %. 1907 und 1912 setzten sich die Nationalliberalen durch, da ihre Stichwahlgegner vom Zentrum respektive dem Bund der Landwirte die Kandidatur niederlegten.[38] Das Verhalten der liberalen Wählerschaft kann daher nicht prognostiziert werden und wird das Mandat in Modell A der SPD, in Modell B der BVP angerechnet.

Im Reichstagswahlkreis Zweibrücken führte die BVP mit immerhin 36,3 %, die SPD kam auf 33,5 %. Es folgte die DVP mit 19,5 %. Die sozialistischen Parteien kamen auf zusammen 36,8 %, Sozialisten und Linksliberale verpassten mit 44,2 % die absolute Mehrheit deutlich. Zu beachten ist allerdings, dass in Zweibrücken seit der Jahrhundertwende stets Stichwahlen zwischen den Nationalliberalen und dem Zentrum nötig geworden waren; Erstere siegten 1903 und 1912 mit 54,3 % respektive 57 %, Letztere 1907 mit 53,1 %. Es ist daher nicht sicher, dass die die Anhänger der DVP zur Wahl eines BVP-Kandidaten in großer Zahl hätten entschließen können, sodass in Modell A von einem Sieg der SPD ausgegangen werden kann, in Modell B dagegen von einem der Bayerischen Volkspartei.

In zwei Reichstagswahlkreisen wäre es zu Stichwahlen zwischen der SPD und der DVP gekommen. Die Sozialdemokraten lagen in beiden Fällen vorn, wobei der Abstand in Homburg etwas geringer war. Die SPD kam hier auf 37,5 % und die DVP auf 27,1 % der Stimmen. Es folgten die BVP mit 24,8 % und die DDP mit 10,3 %. Die sozialistischen Parteien erreichten zusammen 37,8

38 Vgl. REIBEL: Handbuch, Bd. 2, S. 1012 f.

%. Seit der Jahrhundertwende war Homburg stets an den Bund der Landwirte gegangen, 1903 in einer Stichwahl gegen die Nationalliberalen mit 56,8 %, 1907 sowie 1912 bereits im ersten Wahlgang mit 56,7 % respektive 54,5 %. Eine Vorhersage für den Ausgang der Stichwahl ist daher unmöglich und wird das Mandat in Modell A der SPD, in Modell B der DVP zugeschrieben.

Größer war der sozialdemokratische Vorsprung im Reichstagswahlkreis Homburg, wo die SPD 41,7 % und die DVP 26,5 % erreichten. Es folgten DDP und BVP mit jeweils 15,8 %. Die sozialistischen Parteien kamen auf zusammen 28,6 %. Seit der Jahrhundertwende hatten sich vier verschiedene politische Vereinigungen – die Linksliberalen 1903, die Nationalliberalen bei einer Ergänzungswahl 1906, der Bund der Landwirte 1907 sowie die SPD 1912 – im Reichstagswahlkreis durchgesetzt. Eine Vorhersage, wie sich die Anhänger von DDP und BVP verhalten hätten, ist daher völlig unmöglich, sodass das Mandat in Modell A an die SPD, in Modell B an die DVP geht.

Den Einzug in die Stichwahl verpasst hätten die Mehrheitssozialdemokraten schließlich im Reichstagswahlkreis Germersheim, wo die BVP mit 42,3 % vor der DVP mit 27,9 % führte. Es folgte die SPD mit 23,6 %. Germersheim war seit der Jahrhundertwende nur in äußerst knappen Stichwahlen zwischen Nationalliberalen und Zentrum zu erobern gewesen: Erstere hatten sich 1903 mit 50,8 % durchgesetzt, Letztere 1907 und 1912 mit 50,7 % respektive 50,8 %. Wie ein zweiter Wahlgang 1919 geendet hätte, lässt sich daher nicht sagen. Die BVP war 1919 bereit, in Bayern eine Koalition mit der SPD einzugehen, allerdings mit dem Ziel, auf diese Weise die USPD zu schwächen.[39] Als für die Sozialisten günstigere Variante wird daher in Modell A ein Sieg der BVP, in Modell B einer der DVP angenommen.

Im Wahlkreis 27 entsenden die SPD in Modell A fünf und die BVP einen Abgeordneten. In Modell B entfallen drei Mandate auf die DVP, zwei auf die BVP und nur eines auf die SPD.

Wahlkreis 28: Dresden-Bautzen

Der Wahlkreis 28 wurde später als Wahlkreis Dresden-Bautzen bezeichnet,[40] 1919 aber lediglich als die sächsischen Reichstagswahlkreise 1-9 beschrieben. Durch die Wahlsystemreform vom Sommer 1918 war das Stadtgebiet Dresdens in einen Drei-Personen-Wahlkreis umgewandelt worden. Bei der Wahl zur Nationalversammlung bestand eine Listenverbindung zwischen DNVP, DVP und CVP.

Die Bildung des Drei-Personen-Wahlkreises Dresden bringt erneut große Probleme für die Untersuchung mit sich, denn die Stadt Dresden war 1867 auf drei Reichstagswahlkreise verteilt worden: Dresden rechts der Elbe, Dresden links der Elbe sowie Amtshauptmannschaft Dresden Altstadt-Dippoldiswalde, von denen der erste und der letzte aber auch größere, außerhalb der sächsischen Hauptstadt gelegene Gemeinden und Amtsgerichtsbezirke umfasste.[41] Die Statistiker konnten die Ergebnisse aller drei Reichstagswahlkreise folglich auch nicht voneinander trennen. Insgesamt erhielt die SPD hier 53,1 % der Stimmen, gefolgt von der DDP mit 15 %, der DVP mit 14,2 % und der DNVP mit 12 %. Die sozialistischen Parteien kamen auf zusammen 57,7 %, die Listenverbindung auf 27,3 %. Seit der Jahrhundertwende war Dresden rechts der Elbe stets im ersten Wahlgang von der SPD erobert worden, und zwar mit 60,1 % 1903, 50,4 % 1907, 54,3 % 1912 und 55,3 % bei einer Ergänzungswahl 1913. Als noch stärker erwiesen sich die Sozialdemokraten im Reichstagswahlkreis Amtshauptmannschaft Dresden Altstadt-Dippoldiswalde, wo sie Werte zwischen 56 %

39 Vgl. Weissbecker, Manfred; Wirth, Günther: Bayerische Volkspartei (BVP) 1918-1933, in: Fricke, Dieter (Leiter des Autorenkollektivs); Fritsch, Werner; Gottwald, Herbert; Schmidt, Siegfried; Weissbecker, Manfred (Hrsg.): Lexikon zur Parteiengeschichte – Die bürgerlichen und kleinbürgerlichen Parteien und Verbände in Deutschland (1789-1945) in vier Bänden, Bd. 1: Alldeutscher Verband – Deutsche Liga für Menschenrechte, Leipzig 1983, S. 156-186, hier: S. 165.

40 Eine Übersicht über die später genutzten Wahlkreisnamen findet sich in Falter, Jürgen; Lindenberger, Thomas; Schumann, Siegfried, unter Mitarbeit von Hänisch, Dirk; Lohmöller, Jan-Bernd und de Rijke, Johann: Wahlen und Abstimmungen in der Weimarer Republik – Materialien zum Wahlverhalten 1919-1933 (= Statistische Arbeitsbücher zur neueren deutschen Geschichte), München 1986, S. 62-64.

41 Zum Zuschnitt der drei Reichstagswahlkreise vgl. Reibel: Handbuch, Bd. 2, S. 1134, 1137 und 1140.

(1907) und 65,8 % (1903) erreichten. Einzig in Dresden links der Elbe war es 1907 und 1912 zu Stichwahlen gegen die Nationalliberale gekommen, bei denen sich die SPD 1912 mit 50,7 % und die Herausforderer 1907 mit 54,5 % durchgesetzt hatten. 1903 hatten die Sozialdemokraten das Mandat im ersten Wahlgang mit 55 % der Stimmen errungen.

Als sozialistischer Idealfall kann daher in Modell A angenommen werden, dass die SPD die beiden Restreichstagswahlkreise Dresden rechts der Elbe und Amtshauptmannschaft Dresden Altstadt-Dippoldiswalde gewonnen hätte sowie in der Stadt Dresden im Vergleich zur DDP so stark gewesen wäre, dass ihr zwei der dort zu vergebenden Mandate zugefallen wären. Der dritte Dresdner Parlamentssitz wäre an die Listenverbindung und dort an die DVP gegangen. Im in Modell B angenommen Szenario würden die Mehrheitssozialdemokraten dagegen in beiden Restreichstagswahlkreisen scheitern und jeweils ein Mandat an die DNVP und eines an die DVP gehen. In diesem Fall müsste allerdings ihre Konzentration in der Stadt Dresden so groß sein, dass ihr ebenfalls zwei der dortigen Mandate zufielen. Sollte sie nicht sogar alle drei erhalten, müsste der letzte in Dresden zu vergebende Parlamentssitz der DDP gehen. Wäre eine Wahlsystemreform ausgeblieben, hätte die SPD ein bis drei Mandate erobert, wohingegen bis zu zwei unter DNVP, DVP und DDP aufzuteilen gewesen wären.

In vier der verbleibenden sechs Reichstagswahlkreise erreichte die SPD die absolute Mehrheit: In Zittau holte sie 51,2 % der Stimmen, in Freiberg 51,7 %, in Meißen-Großenhain 54,7 % und in Löbau 55,8 %.

Darüber hinaus kann den Mehrheitssozialdemokraten der im Reichstagswahlkreis Pirna zu vergebende Parlamentssitz als sicher gelten. Sie kamen hier zwar nur auf 33,6 %, auf dem zweiten und dritten Platz folgten aber mit nur 147 Stimmen Unterschied die USPD mit 21,2 % und die DDP mit 21,1 %. Damit ergab sich eine absolute Mehrheit der sozialistischen Parteien von 54,8 %. Da davon ausgegangen werden kann, dass im Falle einer Stichwahl gegen die USPD die Anhänger der anderen Parteien der SPD ebenso zum Sieg verholfen hätten wie die USPD-Anhänger im Falle einer Stichwahl gegen die DDP, geht das Mandat in beiden Modellen an die Mehrheitssozialdemokraten.

Anders verhält es sich mit dem Reichstagswahlkreis Bautzen-Kamenz. Zwar waren die Mehrheitssozialdemokraten mit 45,3 % der Stimmen hier deutlich erfolgreicher und hätten gegen eine ebenfalls nur 21,2 % starke DDP in die Stichwahl gemusst; es folgte die DNVP mit 18,1 %. Allerdings kamen die sozialistischen Parteien zusammen auf lediglich 46,8 %, und auch in der Vorzeit waren sie kaum erfolgreicher gewesen: 1903, 1907 wie 1912 waren sie stets einem antisemitischen Bewerber in Stichwahlen unterlegen, erst in einer Ergänzungswahl im Januar 1918 konnten sie mit 52,4 % über einen Konservativen triumphieren. Aber auch damals hat die SPD in der ersten Wahlrunde noch auf dem zweiten Platz gelegen und in der zweiten die Unterstützung jener Linksliberalen genossen, gegen die sie nun in die Stichwahl gemusst hätte. Das Mandat kann daher als sicher für die DDP betrachtet werden.

Trotzdem hätte sich die SPD im östlichen Sachsen erneut als große Siegerin erwiesen, fallen ihr in Modell A doch neun und in Modell B sieben Mandate zu. Im für sie günstigeren Szenario geht jeweils ein Parlamentssitz an DDP und DVP, im anderen entsendet die DDP zwei Abgeordnete und DVP sowie DNVP jeweils einen.

Wahlkreis 29: Leipzig

Der Wahlkreis 29 wurde später unter dem Namen Leipzig bekannt, 1919 aber nur als Zusammenfassung der sächsischen Reichstagswahlkreise 10-14 geführt. Von ihnen waren Stadt Leipzig und Amtshauptmannschaft Leipzig durch die Wahlsystemreform vom Sommer 1918 zum Vier-Personen-Wahlkreis Leipzig zusammengefasst worden. Bei den Wahlen zur Nationalversammlung bestand eine Listenverbindung aus DNVP und CVP. Die DVP trat nicht an.

Im Vier-Personen-Wahlkreis Leipzig erwies sich die USPD mit 45,4 % als stärkste Kraft, gefolgt von der DDP mit 30,6 % und der SPD mit 15,6 %. Auf die Listenverbindung entfielen insgesamt 8,4 %. Damit hätten die USPD zwei und DDP sowie SPD jeweils einen Parlamentssitz erhalten. Nur angemerkt sei, dass ohne die Wahlsystemreform Unabhängige Sozialdemokraten und Linksliberale jeweils ein Mandat erobert hätten, was feststeht, da die Statistiker die Ergebnisse beider Reichstagswahlkreise ausnahmsweise getrennt angeben konnten. Demnach holte die USPD in der Amtshauptmannschaft Leipzig die absolute Mehrheit von 50,9 %, in der Stadt Leipzig wären sie mit 27,4 % gegen die DDP, für die sich 43,6 % der Wähler entschieden, in die Stichwahl gezogen. Angesichts einer sozialistischen Minderheit von 43,6 % – oder nur 41 Stimmen Vorsprung auf die Linksliberalen – wäre das Mandat für die DDP sicher gewesen.

Von den übrigen drei Reichstagswahlkreisen wäre nur einer bereits im ersten Wahlgang erobert worden, da die SPD mit 55,5 % die absolute Mehrheit der Wähler in Döbeln erreichte.

In zwei Fällen wäre es zu Stichwahlen zwischen USPD und DDP gekommen. Im Reichstagswahlkreis Borna kamen Erstere auf 31,3 % und Letztere auf 24,7 %, die SPD folgte mit 22 % und die DNVP mit 21,9 %. Damit bestand eine absolute Mehrheit der sozialistischen Parteien von 53,3 %. Der Reichstagswahlkreis war 1903 von der SPD in einer Stichwahl gegen die Freikonservativen mit 54,3 % erobert worden, 1907 gewannen diese eine Neuauflage des Stichwahlduells mit 56,8 % und 1912 mit einem Vorsprung von 23 Stimmen. Erst in einer Ergänzungswahl 1914 setzten sich die Sozialdemokraten wieder durch und besiegten die Freikonservativen in der zweiten Wahlrunde mit 52,9 %. Da unklar bleiben muss, inwieweit die SPD-Anhängerschaft die USPD unterstützt hätte, fällt das Mandat in Modell A den Unabhängigen Sozialdemokraten und in Modell B der DDP zu.

Als beinahe aussichtslos kann dagegen die Lage für die Sozialisten im Reichstagswahlkreis Oschatz-Grimma gelten. Zwar führte auch hier die USPD mit 37,2 % der Stimmen vor der DDP mit 25,2 %. Es folgten die DNVP mit 21,8 % und die SPD mit 15,3 %, sodass die absolute Mehrheit der sozialistischen Parteien mit 52,4 % etwas geringer ausfiel. Zudem wies der Reichstagswahlkreis eine für die Sozialisten ungünstigere Vorgeschichte auf: 1903 hatte die SPD das Mandat zwar gewonnen, aber nur mit einer hauchdünnen Mehrheit von 50,4 % in einer Stichwahl gegen die Konservativen. 1907, 1912 und in einer Ergänzungswahl Ende 1916 gewannen Letztere Neuauflagen dieses Duells mit 57,8 %, 50,9 % und 55,8 %. Vor allem die deutliche sozialdemokratische Niederlage nach zwei Kriegsjahren ist bemerkenswert. Insofern kann einzig aufgrund der absoluten Mehrheit von 52,4 % 1919 das Mandat in Modell A der USPD zugewiesen werden, als eindeutig wahrscheinlicher muss der in Modell B angenommene DDP-Sieg gelten.

Im Wahlkreis 23 erfährt die USPD in Modell A mit vier Mandaten eine wesentliche Stärkung, wobei zwei Parlamentssitze auf die SPD und einer auf die DDP entfällt. In Modell B kann die DDP drei Vertreter ins Parlament entsenden, SPD und USPD jeweils zwei.

Wahlkreis 30: Chemnitz-Zwickau

Der Wahlkreis 30 wurde später unter der Bezeichnung Chemnitz-Zwickau bekannt, 1919 wurde er lediglich als Zusammenfassung der sächsischen Reichstagswahlkreise 15-23 geführt. Von ihnen war Chemnitz durch die Wahlsystemreform vom Sommer 1918 in einen Zwei-Personen-Wahlkreis umgewandelt worden. Bei den Wahlen zur Nationalversammlung bestand eine Listenverbindung von DNVP und CVP, die DVP trat nicht an.

Im Reichstagswahlkreis Chemnitz siegte die SPD mit 63,4 % deutlich vor der DNVP, die als Zweitplatzierte 17,8 % erhielt. Da auch die Listenverbindung auch zusammen nur auf 18,4 % kam und damit nicht einmal ein Drittel der Stimmenzahl der Mehrheitssozialdemokraten erhielt, hätten diese beide zu vergebende Mandate erhalten.

Auch im übrigen Erzgebirge und in weiten Teilen des sächsischen Vogtlands kann der Rückhalt für die SPD nicht anders als gewaltig bezeichnet werden, wären ihr doch mit einer Ausnahme sämtliche Reichstagswahlkreise auf Anhieb zugefallen: Sie erhielt 56,4 % in Mittweida-Burgstädt, 56,2 % in Kirchberg-Auerbach, 59,7 % in Zwickau, 60 % in Annaberg-Schwarzenberg, 60,4 % in

Sayda-Marienburg, 64,6 % in Meerane-Glauchau sowie 69,8 % in Stollberg-Lößnitz-Schneeberg-Hartenstein.

Einzig im Reichstagswahlkreis Plauen wurde eine Stichwahl zwischen der SPD mit 38,6 % und der DDP mit 27,8 % der Stimmen nötig. Die USPD folgte mit 17,9 % und die DNVP mit 15,1 %. Damit bestand eine absolute Stimmenmehrheit der sozialistischen Parteien von 56,6 %. Seit der Jahrhundertwende hatte das Mandat regelmäßig gewechselt: Hatten die Sozialdemokraten 1903 mit 51,6 % im ersten Wahlgang gesiegt, wurden sie 1907 in der Stichwahl von den Linksliberalen mit 61,2 % geschlagen. 1912 konnten sie eine Neuauflage dieses Duells mit 52,9 % für sich entscheiden. Angesichts gerade dieses letzten Wahlgangs und der bestehenden sozialistischen Mehrheit wird Plauen in dieser Untersuchung als sicher für die Mehrheitssozialdemokraten betrachtet, sodass der SPD sämtliche der zehn im Wahlkreis 30 zu vergebenden Mandate in beiden Modellen angerechnet werden.

Wahlkreis 31/32: Württemberg sowie der Regierungsbezirk Sigmaringen

Der Wahlkreis 31/32, welcher eine Doppelnummerierung trägt, weil das Gebiet ursprünglich aus zwei Wahlkreisen bestehen sollte,[42] umfasste das Territorium der siebzehn Reichstagswahlkreise Württembergs sowie den einen Reichstagswahlkreis des preußischen Regierungsbezirks Sigmaringen. Von ihnen war Stuttgart durch die Wahlsystemreform vom Sommer 1918 um die zur württembergischen Hauptstadt gehörenden Teile von Cannstatt-Ludwigsburg erweitert und in einen Zwei-Personen-Wahlkreis umgewandelt worden. Bei der Wahl zur Nationalversammlung wurde eine gemeinsame Liste der Württembergischen Bürgerpartei und des Württembergischen Bauern- und Weingärtnerbundes eingereicht, die von den Statistikern der DNVP zugerechnet wurde. Die DVP kandidierte nicht, die CVP unter der Bezeichnung Württembergische und Hohenzollernsche Zentrumspartei. Listenverbindungen wurden nicht eingegangen.

Im Falle des Zwei-Personen-Wahlkreises Stuttgart und des Reichstagswahlkreises Cannstatt-Ludwigsburg, der Teile an seinen Nachbarn abgetreten hätte, war den Statistikern eine Trennung der Wahlergebnisse nicht möglich. Die SPD führte im Gesamtresultat mit 42,6 % vor der DDP mit 31 %. Auf die DNVP entfielen 13,8 %, auf die sozialistischen Parteien zusammen 48,8 %. Seit der Jahrhundertwende war es den Sozialdemokraten immer gelungen, den Reichstagswahlkreis Stuttgart im ersten Wahlgang mit Werten zwischen 50,9 % (1912) und 54,7 % (1903) zu erobern. Cannstatt-Ludwigsburg hatte sich dagegen als schwierigeres Pflaster erwiesen: 1903 hatten die Nationalliberalen in einer Stichwahl gegen die SPD mit 55,5 % gesiegt und 1907 das Mandat sogar im ersten Wahlgang mit 54,6 % geholt. Erst bei einer Ergänzungswahl 1910 konnten sich die Sozialdemokraten mit 56,4 % ohne Stichwahl durchsetzen und diesen Erfolg 1912 mit 51,2 % wiederholen. Angesichts dieser Vorgeschichte, der relativen Stärke der DDP gegenüber der DNVP sowie der fehlenden sozialistischen Mehrheit muss es als sehr wahrscheinlich gelten, dass die SPD als stärkste und die DDP als zweitstärkste Kraft in Stuttgart je ein Mandat erhalten hätten und im Restreichstagswahlkreis Cannstatt-Ludwigsburg in die Stichwahl gekommen wären, die dann die Linksliberalen für sich entschieden hätten. Wäre die Wahlsystemreform vom Sommer 1918 ausgeblieben, hätte vermutlich die SPD den Reichstagswahlkreis Stuttgart und die DDP Cannstatt-Ludwigsburg erobert.

Von den übrigen 16 Mandaten wären fünf bereits im ersten Wahlgang vergeben worden, denn die CVP holte die absolute Mehrheit in den Reichstagswahlkreisen Aalen-Ellwangen mit 50,9 %, in Ehingen-Laupenheim mit 51,4 %, in Sigmaringen mit 68,3 %, in Ravensburg-Saulgau mit 68,5 % sowie in Biberach-Waldsee mit 78 %.

In zwei Reichstagswahlkreisen hätte sie es immerhin in die Stichwahl gegen die SPD geschafft. In Freudenstadt-Oberndorf entfielen 36 % der Stimmen auf die Mehrheitssozialdemokraten und 27,6 % auf die CVP. Es folgten die DDP mit 24,3 % und die DNVP mit 10,9 %, die sozialisti-

---

42 Vgl. Statistisches Reichsamt: Wahlen 1919, S. 1.

schen Parteien kamen zusammen auf 37 %. Seit der Jahrhundertwende hatten sich in Freudenstadt-Oberndorf stets die Linksliberalen in Stichwahlen durchgesetzt, und zwar 1903 mit 61,8 % gegen die Nationalliberalen, 1907 mit 61,4 % gegen das Zentrum und 1912 mit 63,6 % gegen die Konservativen. Nun bildete ihre Anhängerschaft das Zünglein an der Waage und muss ein erneuter linker Sieg, also ein Mandat für die SPD, als wahrscheinlich gelten. Da aber nicht ausgeschlossen werden kann, dass die Liberalen durch ihr Verhalten die CVP mehr begünstigt hätten als die Mehrheitssozialdemokraten, die es hier ohnehin noch nie in eine Stichwahl geschafft hatten, wird in Modell B von einem Erfolg der Christlichen Volkspartei ausgegangen.

Im sich südöstlich anschließenden Reichstagswahlkreis Balingen-Rottweil kamen die SPD auf 42,3 % und die CVP auf 29,5 %. Die DDP folgte mit 19,5 %, die sozialistischen Parteien erreichten zusammen 44,1 %. Auch dieser Reichstagswahlkreis war seit der Jahrhundertwende stets in Stichwahlen von den Linksliberalen erobert worden, und zwar 1903 sowie 1907 mit 64,4 % respektive 53,2 % gegen das Zentrum und 1912 mit 56,3 % gegen die Sozialdemokraten. Auch hier bildete ihre Anhängerschaft das Zünglein an der Waage, und obgleich es in Balingen-Rottweil für die SPD günstiger aussah als in Freudenstadt-Oberndorf, muss auch hier der Parlamentssitz nach Modell A und B getrennt an Mehrheitssozialdemokraten und CVP vergeben werden.

Lediglich in einem Reichstagswahlkreis wäre es zu einer Begegnung von SPD und DNVP in der Stichwahl gekommen, und zwar in Hall-Oehringen, wo die Ergebnisse sehr eng beieinander lagen. Für die Mehrheitssozialdemokraten entschieden sich 33,1 % der Wähler und für die Deutsch-Nationalen 31,6 %. Es folgte die DDP mit 30,8 %, die sozialistischen Parteien kamen auf zusammen 34,7 %. Hall-Oehringen war seit der Jahrhundertwende ein beinahe sicheres Pflaster für den Bund der Landwirte gewesen: 1903 und 1907 hatte sich deren Kandidat im ersten Wahlgang mit 51,2 % respektive 57 % durchgesetzt. 1912 musste er zwar in die Stichwahl gegen die Linksliberalen, siegte aber erneut mit 52,7 %. Eine sichere Vorhersage über einen Wahlausgang 1919 ist nicht möglich, weshalb das Mandat in Modell A der SPD, in Modell B der DNVP angerechnet wird.

In den verbleibenden acht Reichstagswahlkreisen hätten es jeweils SPD und DDP in die Stichwahl geschafft. Eine sozialistische Mehrheit von 52,9 % ergab sich dabei nur in Eßlingen-Kirchheim, wo die SPD 47,7 % und die DDP 26,1 % der Stimmen erreichte. Es folgte die DNVP mit 17,2 %. Das Mandat war hier 1903 in einer Stichwahl von der SPD gegen den Bund der Landwirte mit 51,4 % erobert worden, 1907 holten es die Nationalliberalen im ersten Wahlgang mit 55,1 % und 1912 in einer Stichwahl gegen die Sozialdemokraten mit 50,1 %. An einem Wahlerfolg der SPD 1919 wird angesichts dieses nur knappen Siegs und der sozialistischen Mehrheit nicht gezweifelt.

In den übrigen sieben Reichstagswahlkreisen wird dagegen von einem Wahlsieg der DDP ausgegangen. Hierfür spricht zum Einen, dass die sozialistischen Parteien nur in einem Fall überhaupt mehr als wenigstens 45 % der Stimmen erhielten (Böblingen-Leonberg mit 47,7 %); in zwei Fällen (Gerabronn-Künzelsau mit 25,6 % und Nagold-Neuenbürg mit 37,8 %) blieben sie sogar unter 40 %. Zum Anderen hatten es die Sozialdemokraten in keinem der betreffenden Reichstagswahlkreise geschafft, sich jemals in einer Stichwahl gegen die Linksliberalen durchzusetzen.

Im Wahlkreis 31/32 erweisen sich die Linksliberalen damit in beiden Modellen mit jeweils neun Mandaten als stärkste Partei. Im für die Sozialisten günstigeren Szenario erhält die SPD ebenso wie die CVP fünf Parlamentssitze, wohingegen in der ungünstigsten Variante die CVP sieben, die SPD nur zwei und die DNVP einen Abgeordneten entsendet.

Wahlkreis 33: Baden

Der Wahlkreis 33 umfasste das Gebiet der 14 Reichstagswahlkreise Badens, von denen Mannheim durch die Wahlsystemreform vom Sommer 1918 in einen Zwei-Personen-Wahlkreis umgewandelt worden war. Das Land am Hoch- und Oberrhein zeichnete sich bei der Wahl zur Nationalversammlung durch ein ausgesprochen geringes Parteienangebot aus: Es traten lediglich die DNVP (unter der Bezeichnung „Christliche Volkspartei in Baden"), die CVP (unter der Bezeichnung „Badische Zentrumspartei"), die DDP und die SPD an. Listenverbindungen bestanden nicht.

Diese Entscheidung hätte den Mehrheitssozialdemokraten im Zwei-Personen-Wahlkreis Mannheim beide Mandate gegeben, denn mit 53,7 % holten sie mehr als doppelt so viele Stimmen wie die zweitplatzierten Linksliberalen, die auf 22,2 % kamen. Damit hätte die SPD das Mannheimer Mandat vermutlich auch dann spätestens in der Stichwahl gewonnen, wenn jegliche Wahlsystemreform ausgeblieben wäre und auch die USPD einen Bewerber aufgestellt hätte.

Absolute Mehrheiten ergaben sich noch in drei weiteren Reichstagswahlkreisen, sodass die CVP in Schopfheim-Waldshut mit 52,8 %, in Bühl-Rastatt mit 55,3 % und in Adelsheim-Buchen-Tauberbischofsheim mit 63,7 % der Stimmen siegte.

In sechs Fällen wäre sie gegen die SPD zumindest in die Stichwahl gekommen. Dabei erwies sich Letztere einzig in Lörrach-Müllheim mit 33,6 % als stärkste Kraft. Die CVP erreichte hier 31 %, die DDP folgte mit 29,5 %, was eine sozialdemokratisch-linksliberale Mehrheit von 63,1 % ergibt. Der Reichstagswahlkreis war seit der Jahrhundertwende stets in Stichwahlen von den Nationalliberalen gegen das Zentrum erobert worden, und zwar 1903 mit 59,5 %, 1907 mit 54,4 % und 1912 mit 63,7 %. Da es die Sozialdemokraten jedoch noch nie in eine Stichwahl geschafft hatten und daher unklar ist, wie sich die Liberalen trotz der traditionellen Gegnerschaft zum Zentrum bei einer Wahl zwischen SPD und CVP verhalten hätten, wird das Mandat in Modell A den Mehrheitssozialdemokraten, in Modell B der Christlichen Volkspartei zugewiesen.

Im Reichstagswahlkreis Freiburg erreichten die CVP 42,8 % und die SPD 29,9 %. Es folgte die DDP mit 20 %, die CVP-DNVP-Mehrheit betrug 50,1 % oder 117 Stimmen. Der Reichstagswahlkreis war 1903 und 1907 vom Zentrum in Stichwahlen gegen die Nationalliberalen mit 52,2 % respektive 55,3 % erobert worden, erst 1912 konnte sich ein linksliberaler Bewerber mit 51,9 % in der Stichwahl gegen das Zentrum durchsetzen. Dieser Erfolg sowie die nur hauchdünne Mehrheit für CVP und DNVP lassen einen Sieg der SPD nicht völlig unmöglich erscheinen, weshalb sie das Mandat in Modell A erhält, wohingegen es in Modell B an die CVP geht.

Im Reichstagswahlkreis Kehl-Offenburg erreichten die CVP 45,3 % und die SPD 28,4 %. Es folgte die DDP mit 22,6 %, sodass eine knappe sozialdemokratisch-linksliberale Mehrheit von 50,9 % der Stimmen bestand. Kehl-Offenburg war 1903 und 1907 vom Zentrum im ersten Wahlgang mit 54,4 % respektive 51,2 % erobert worden. 1912 kam es zu einer Stichwahl gegen die Nationalliberalen, welche mit einem Rückstand von acht Wahlzetteln verloren ging. Bei einer Ergänzungswahl im Februar 1914 konnte das Zentrum das Mandat jedoch in einer erneuten Stichwahl gegen die Nationalliberalen mit 50,2 % zurückerobern. Diese Vorgeschichte macht einen Sieg der SPD, die es noch nie in die Stichwahl geschafft hatte, unwahrscheinlich, doch kann er angesichts der bestehenden sozialdemokratisch-linksliberalen Mehrheit nicht ausgeschlossen werden, weshalb der SPD das Mandat in Modell A, der CVP aber in Modell B zugestanden wird.

In den verbleibenden drei Fällen lässt dagegen gerade die Vorgeschichte, welche dem Zentrum fast immer das Mandat und den Sozialdemokraten nie den Einzug in die Stichwahl zukommen ließ, in Verbindung mit einer knappen CVP-DNVP-Mehrheit 1919 sowie einem zumeist bedeutenden Eigengewicht der Christlichen Volkspartei deren Sieg als sicher erscheinen. So kamen in Bretten-Sinsheim die CVP auf 34,3 % und die SPD auf 29 % der Stimmen. Es folgten die DDP mit 20,1 % und die DNVP mit 16,6 %, woraus sich eine CVP-DNVP-Mehrheit von 50,9 % ergibt. 1903 war das Mandat von den Nationalliberalen in einer Stichwahl gegen das Zentrum mit 55,3 % erobert worden, 1907 und 1912 gewann es der von Zentrum und Konservativen unterstützte Bund der Landwirte mit 55,9 % respektive 54,6 % bereits im ersten Wahlgang.

Im Reichstagswahlkreis Konstanz-Überlingen erreichten die CVP 48 % und die SPD 28,1 %. Es folgte die DDP mit 21,2 %, sodass sich eine CVP-DNVP-Mehrheit von 50,7 % ergab. Konstanz-Überlingen war seit der Jahrhundertwende fast durchweg vom Zentrum erobert worden. 1903 und 1907 war ihm dies noch im ersten Wahlgang mit 51,4 % respektive 56,1 % der Stimmen gelungen, erst bei einer Ergänzungswahl am 19.10.1911 konnten die Linksliberalen es in eine Stichwahl zwingen und diese mit 51,8 % erfolgreich bestreiten. Doch schon ein Vierteljahr später, bei der Reichstagswahl von 1912, setzte sich erneut das Zentrum beim zweiten Urnengang durch.

Im Reichstagswahlkreis Donaueschingen-Villingen kamen CVP und SPD auf 48 % respektive 27,8 %, die DDP folgte mit 20,3 %. Dieses etwas schwächere Abschneiden der Linken erhöhte die CVP-DNVP-Mehrheit auf 51,8 %. Donaueschingen-Villingen war 1903 in einer Stichwahl gegen das Zentrum mit 51,6 % an die Nationalliberalen gegangen. Bei einer Ergänzungswahl 1905 setzte sich das Zentrum mit 51,3 % im ersten Wahlgang und 1907 mit 53,1 % in der Stichwahl gegen die Nationalliberalen durch. Auch eine Neuauflage dieses Stichwahlduells 1912 entschied das Zentrum mit 50,8 % für sich.

Ebenfalls chancenlos wäre die SPD in Heidelberg gewesen, wo sie mit 34,7 % in eine Stichwahl gegen die 29,4 % starke DDP gemusst hätte. Es folgten das Zentrum mit 24,1 % und die DNVP mit 11,8 %. Seit der Jahrhundertwende hatten sich hier stets die Nationalliberalen in Stichwahlen gegen das Zentrum, die SPD oder die Konservativen mit Stimmenanteilen über 60 % durchgesetzt, sodass an einem Sieg der Linksliberalen nicht gezweifelt wird.

In Karlsruhe wäre es dagegen zwar ebenfalls zu einer Stichwahl zwischen der SPD mit 39,3 % und der DDP mit 26,2 % gekommen; das Zentrum folgte mit 24,8 %. Allerdings sieht hier die Vorgeschichte etwas anders aus: 1903 und 1907 hatten sich die Sozialdemokraten mit 51,1 % respektive 51,2 % in Stichwahlen gegen die Linksliberalen durchgesetzt. Erst als sich das Zentrum 1912 entschied, statt zur Wahlenthaltung zur Wahl des linksliberalen Kandidaten aufzurufen, obsiegte dieser in der zweiten Wahlrunde mit 54,7 % deutlich. Entscheidend ist dabei, dass im Reichstagswahlkreis Karlsruhe die Wahlbeteiligung bei Stichwahlen um Werte zwischen 4 % 1903, 9,7 % 1907 und 4,6 % 1912, also unabhängig von den Wahlempfehlungen des Zentrums, zurückgegangen war, sodass ein SPD-Wahlsieg beim zweiten Urnengang zwar als sehr unwahrscheinlich, aber nicht als unmöglich betrachtet werden kann. Die Mehrheitssozialdemokraten erhalten das Mandat daher in Modell A, in Modell B geht es an die DDP.

In ähnlicher Weise ist die Situation im Reichstagswahlkreis Pforzheim zu betrachten. Die SPD verpasste das Mandat hier mit 49 % um Haaresbreite, die DDP zog mit lediglich 19 % in die Stichwahl ein. Es folgten die CVP mit 18,4 % und die DNVP mit 13,6 %. Pforzheim war 1903 und 1907 ebenfalls von den Sozialdemokraten in Stichwahlen gegen die Nationalliberalen mit 53,5 % respektive 53,6 % erobert worden, erst 1912 musste sich die SPD ihrem ewigen Kontrahenten als einzigem Herausforderer mit 49,5 % geschlagen geben. Auch hier hatte das Zentrum in den ersten beiden Fällen Wahlenthaltung gefordert und im letzten die Liberalen unterstützt, auch hier war es 1903 zu einem Rückgang der Wahlbeteiligung um 4,6 % und 1907 sogar um 6,7 % in der Stichwahl gekommen. Ein Erfolg der Mehrheitssozialdemokraten kann daher noch weniger ausgeschlossen werden, sodass das Mandat in Modell A der SPD, in Modell B der DDP zukommt.

Einzig im Reichstagswahlkreis Lahr-Wolfach gelang es der DDP, stärker als die SPD zu werden und mit 22,7 % knapp in die Stichwahl gegen eine 48,8 % starke CVP einzuziehen. Die SPD folgte mit 21,8 %. Angesichts einer 55,5 %-Mehrheit von CVP und DNVP und dem Umstand, dass Lahr-Wolfach seit der Jahrhundertwende stets im ersten Wahlgang vom Zentrum gewonnen worden war, muss die DDP allerdings als chancenlos gelten.

Im Wahlkreis 33 besteht in Modell A ein Patt zwischen SPD und CVP, denen jeweils sieben Mandate zukommen. Der fünfzehnte in Baden zu vergebende Parlamentssitz geht an die DDP. In Modell B triumphiert die CVP mit zehn Abgeordneten, die DDP entsendet drei und die SPD muss sich mit den beiden Mannheimer Vertretern begnügen.

Wahlkreis 34: Hessen-Darmstadt

Der Reichstagswahlkreis 34 umfasste das Gebiet der neun Reichstagswahlkreise Hessen-Darmstadts. Bei der Wahl zur Nationalversammlung trat die DNVP trat hier unter der Bezeichnung „Hessische Volkspartei", die CVP als „Hessische Zentrumspartei" und die DDP als „Demokratische Partei in Hessen" an. Es bestand eine Listenverbindung zwischen DNVP, DVP und CVP.

In Offenbach-Dieburg und Erbach-Bensheim holte die SPD mit 54,2 % respektive 50,9 % die absolute Mehrheit der Stimmen, sodass diese bereits im ersten Wahlgang gewonnen worden wären.

In den übrigen sieben Reichstagswahlkreisen waren die Kräfteverhältnisse sehr unterschiedlich. Dreimal wäre es zu Stichwahlen zwischen der SPD und der DDP gekommen, darunter im Reichstagswahlkreis Darmstadt-Groß-Gerau, wo die Mehrheitssozialdemokraten das Mandat mit 49,9 % der Stimmen hauchdünn verpassten. Die DDP kam hier auf 23,2 %, gefolgt von der DVP mit 17,2 %. Die sozialistischen Parteien hatten zusammen eine knappe Mehrheit von 51,1 % und selbst die SPD allein erhielt 1017 Stimmen mehr als alle nichtsozialistischen Parteien zusammen. Das Mandat kann daher als sicher für die Mehrheitssozialdemokraten gelten.

Anders verhält es sich mit dem Reichstagswahlkreis Gießen, wo die SPD auf 42,3 % und die DDP auf 22,7 % kamen. Es folgte die DNVP mit 21,8 %. Die sozialistischen Parteien erreichten zusammen nur 46,1 %, sodass ein Sieg der DDP als sicher gelten kann.

Dasselbe gilt für den sich nordöstlichen Nachbarreichstagswahlkreis Lauterbach-Alsfeld. Hier entschieden sich sogar nur 36,1 % der Wähler für die SPD, 25,7 % für die DDP. Es folgten die DNVP mit 20,5 % und die DVP mit 13,5 %, die USPD erhielt nur einen einzigen Stimmzettel. Ein Wahlsieg der DDP ist daher sicher.

In zwei Reichstagswahlkreisen wären SPD und CVP in einer Stichwahl aufeinander getroffen. Günstiger für die Sozialisten war dabei Mainz: Hier erhielten die Mehrheitssozialdemokraten 42,8 % und die CVP 31,5 %. Es folgte die DDP mit 17,9 %. Zwar kamen die sozialistischen Parteien zusammen auf nur 43,7 %, doch bestand eine beachtliche sozialistisch-linksliberale Mehrheit von 61,6 %. Schon seit der Jahrhundertwende hatte der Reichstagswahlkreis den Linken zugeneigt, die SPD ihn doch 1903 in einer Stichwahl gegen das Zentrum mit 55 % erobert und die Wiederholung dieses Stichwahlduells 1907 mit 51,6 % gewonnen; 1912 holte sie Mainz bereits im ersten Wahlgang mit 50,2 %. Das Mandat kann daher als weitgehend sicher für die SPD gelten, einzig aufgrund ihrer Abhängigkeit von der liberalen Wählerschaft wird in Modell B das Mandat der CVP zugestanden.

Im sich südlich anschließenden Reichstagswahlkreis Worms kehrte sich das Verhältnis teilweise um. Zwar war die SPD mit 36,4 % auf den ersten Blick stärker als im Mainzer Raum und die CVP mit 28,5 % schwächer. Allerdings folgten die DVP mit 22,3 % und die DDP mit 11,6 % bei einem gemeinsamen Ergebnis der sozialistischen Parteien von lediglich 36,7 %. Infolgedessen blieben Sozialisten und Linksliberale mit 48,3 % in der Minderheit. Zu beachten ist jedoch, dass die Nationalliberalen große Verluste zu verzeichnen hatten, wodurch sich die Verhältnisse im Reichstagswahlkreis erheblich änderten. 1903 und 1907 hatten sie das Mandat in Stichwahlen gegen das Zentrum mit 67,3 % respektive 59,2 % gewonnen, 1912 mit 66,8 % gegen die Sozialdemokraten. Wie sich diese breite nationalliberale Anhängerschaft in einer Stichwahl zwischen SPD und CVP verhalten hätte, ist nicht vorhersehbar, sodass das Mandat in Modell A den Mehrheitssozialdemokraten, in Modell B der Christlichen Volkspartei zufällt.

Im Reichstagswahlkreis Friedberg-Büdingen wären die SPD mit 46,7 % und die DNVP mit 16,8 % der Stimmen in die Stichwahl eingezogen. Es folgten die DDP mit 15,7 % und die CVP mit 10,4 %. Die sozialistischen Parteien erhielten zusammen 51,4 %. Da angesichts der besonders weit rechts stehenden DNVP eine überwältigende Unterstützung der linksliberalen Anhängerschaft für deren Kandidaten als unwahrscheinlich gelten muss, andererseits die USPD-Anhängerschaft hierdurch zur Beteiligung an der Stichwahl vermutlich ermutigt worden wäre, muss von einem SPD-Wahlsieg ausgegangen werden.

Nur in einem Reichstagswahlkreis hätte es kein sozialistischer Kandidat in die Stichwahl geschafft, und zwar in Bingen-Alzey, wo die CVP mit 31,8 % der Wahlzettel vor der DDP mit 28,1 % stärkste Kraft wurde. Die SPD folgte erst auf Platz drei mit 23,8 % und die DVP auf Platz vier mit 15,8 %. Seit der Jahrhundertwende war es in Bingen-Alzey stets zu Stichwahlen gekommen; dennoch liefert die Vorgeschichte keinen Anhaltspunkt, wie eine zweite Wahlrunde 1919 ausgegangen wäre: 1903 hatten sich die Linksliberalen mit 53,8 % gegen das Zentrum durchgesetzt, um 1907 dem Bund der Landwirte mit 43,3 % und bei einer Ergänzungswahl 1910 dem Zentrum mit 47,7 % zu unterliegen. 1912 setzten sich die Sozialdemokraten mit zwei Stimmen Vorsprung gegen die Nationalliberalen durch. Daher wird das Mandat in Modell A der DDP und in Modell B der CVP zugesprochen.

In Modell A kommen die SPD auf sechs und die DDP auf drei Abgeordnete, in Modell B entsenden die SPD vier, die CVP drei und die DDP zwei Vertreter ins Parlament.

Wahlkreis 35: Mecklenburg-Schwerin, Mecklenburg-Strelitz und Lübeck

Der Wahlkreis 35 umfasste das Gebiet der sechs Reichstagswahlkreise Mecklenburg-Schwerins sowie Mecklenburg-Strelitz und Lübeck, die jeweils einen Reichstagswahlkreis bildeten. Bei den Wahlen zur Nationalversammlung traten CVP und USPD an den südwestlichen Gestaden der Ostseeküste nicht an, dafür der Mecklenburgische Dorfbund als Nachfolger des Bundes der Landwirte.[43]

Von den insgesamt acht Reichstagswahlkreisen wären zwei bereits im ersten Wahlgang von der SPD erobert worden, und zwar Rostock-Doberan mit 51,8 % und Lübeck mit 58,9 %.

In allen verbleibenden Fällen wäre es zu Stichwahlen zwischen der SPD und der DDP gekommen, wobei die Sozialdemokraten nirgends auf einen Bündnispartner hoffen konnten. Auch hatten sie es in noch keinem der betreffenden Reichstagswahlkreise geschafft, ein Mandat zu erobern, obwohl ihnen mehrmals der Einzug in die zweite Wahlrunde gelungen war. Ihre größten Erfolge hatten sie bislang in Stichwahlen gegen die Konservativen erreicht, und zwar 49,7 % 1903 in Schwerin-Wismar sowie 47 % 1912 in Hagenow-Grevesmühlen. Trotz oft beeindruckender Ergebnisse der SPD – 41,1 % in Hagenow-Grevesmühlen, 47,1 % in Malchin-Waren, 47,2 % in Schwerin-Wismar, 48,2 % in Parchim-Ludwigslust, 49 % in Großherzogtum Mecklenburg-Strelitz und sogar 49,8 % in Güstrow-Ribnitz – müssten alle diese Mandate in beiden Modellen der DDP zugesprochen werden. Ausnahmen können nur für die beiden letztgenannten Reichstagswahlkreise gemacht werden, da die sozialistischen Parteien bei der Landtagswahl in Mecklenburg-Strelitz am 15.12.1918 50,2 % der Stimmen erhielten.[44] Einzig deshalb kann für diesen Reichstagswahlkreis für Modell A angenommen werden, dass es zu einem mehrheitssozialdemokratischen Wahlsieg in der Stichwahl gereicht hätte, und da das Ergebnis in Güstrow-Ribnitz noch enger war, kann dasselbe auch für diesen Reichstagswahlkreis gelten.

Im Wahlkreis 35 kommen in Modell A SPD und DDP auf jeweils vier Mandate, in Modell B dagegen die DDP auf sechs und die SPD auf zwei.

Wahlkreis 36: Thüringen

Die offizielle Bezeichnung des Wahlkreises 36 lautete 1919: „Die thüringischen Staaten Sachsen=Weimar, Sachsen=Meiningen, Sachsen=Altenburg, Sachsen=Coburg und Gotha, die beiden Schwarzburg und die beiden Reuß sowie der Regierungsbezirk Erfurt und der zur Provinz Hessen=Nassau gehörige Kreis Schmalkalden". Obwohl mit diesem weitgehend identisch, wurde die Bezeichnung Thüringen offiziell erst später verwendet. Von den einzelnen staatlichen Territorien umfassten der Regierungsbezirk Erfurt vier, Sachsen-Weimar-Eisenach drei, Sachsen-Meiningen sowie Sachsen-Coburg und Gotha jeweils zwei und die übrigen Gliedstaaten jeweils einen Reichstagswahlkreis. Der Kreis Schmalkalden bildete administrativ eine Exklave Hessen-Nassaus und mit

---

43 Zur Herkunft des Mecklenburgischen Dorfbunds vgl. INACHIN, Kyra T.: Durchbruch zur demokratischen Moderne – Die Landtage von Mecklenburg-Schwerin, Mecklenburg-Strelitz und Pommern während der Weimarer Republik, Bremen 2004, S. 17.

44 Vgl. ebd., S. 91.

anderen Teilen dieser Provinz einen eigenen Reichstagswahlkreis, dessen Ergebnis im Kapitel zum Wahlkreis 19 behandelt wird. Bei den Wahlen zur Nationalversammlung traten DNVP und DVP mit einer gemeinsamen Liste an. Des Weiteren bestanden jeweils Listenverbindungen zwischen DDP und CVP sowie SPD und USPD.

Von den insgesamt 16 Mandaten wäre die Hälfte bereits im ersten Wahlgang vergeben worden: Die SPD erhielt 52,9 % in Meiningen-Hildburghausen, 54,8 % in Coburg, 56 % in Sachsen-Altenburg, 60 % in Schwarzburg-Rudolstadt und 65,2 % in Sonneberg-Saalfeld, die USPD 53,6 % in Gotha und 55 % in Schwarzburg-Sondershausen sowie die CVP 72,8 % in Heiligenstadt-Worbis.

Von den übrigen acht zu vergebenden Parlamentssitzen wären noch zwei weitere den Mehrheitssozialdemokraten sicher gewesen, da es zu Stichwahlen zwischen den sozialistischen Parteien gekommen wäre: Im Reichstagswahlkreis Erfurt-Schleusingen-Ziegenrück führte die USPD zwar mit 40,2 % deutlich vor der SPD, für welche sich 21,5 % der Wähler entschieden. Aber es folgten die DDP mit 19,7 % und die DNVP mit 14,3 %. Damit waren SPD und DDP mit zusammen 41,2 % stärker als die USPD allein, und es gibt keinen Grund, weshalb die Anhänger anderer Parteien den Unabhängigen Sozialdemokraten zum Sieg über die SPD hätten verhelfen sollen.

Das gilt umso mehr für Mühlhausen-Langensalza-Weißensee, wo der Abstand zwischen beiden sozialistischen Parteien mit 69 Stimmen hauchdünn war; die Mehrheitssozialdemokraten führten mit 24,7 %, die USPD kam auf 24,6 %. Es folgten DDP und DNVP mit jeweils 19,5 %, wobei die Linksliberalen um zehn Wahlzettel erfolgreicher waren, sowie die CVP mit 11,8 %.

Auch im Falle des Reichstagswahlkreises Neustadt an der Orla kann von einem Wahlsieg der SPD ausgegangen werden. Die Mehrheitssozialdemokraten kamen hier auf 47,5 %, ihr Stichwahlgegner war die 24 % starke DNVP. Mit nur 301 Wahlzetteln Rückstand und 23,6 % folgte die DDP, die sozialistischen Parteien kamen auf zusammen 51,8 %. Angesichts dieser wenn auch knappen sozialistischen Stimmenmehrheit in Verbindung mit der exponierten Parteistellung des Herausforderers und der starken DDP wird auch dieses Mandat in beiden Fällen der SPD zugestanden. Freilich muss angemerkt werden, dass es bei einem leicht stärkeren Abschneiden der Linksliberalen zu einer Stichwahl zwischen SPD und DDP gekommen wäre, und in diesem Fall wäre der Ausgang der zweiten Wahlrunde angesichts des ebenfalls nur knappen sozialistischen Stimmenvorsprungs unsicher gewesen.

Zu einem solchen Duell zwischen Mehrheitssozialdemokraten und Linksliberalen wäre es im Wahlkreis 36 mit Sicherheit zweimal gekommen. Im Reichstagswahlkreis Eisenach-Dermbach hätten die SPD mit 37 % und die DDP mit 22,3 % die Stichwahl erreicht. Es folgten die USPD mit 17,4 % und die DNVP mit 16,5 %, womit sich eine sozialistische Mehrheit von 54,4 % ergab. Die Sozialdemokraten hatten es hier regelmäßig in die Stichwahl geschafft, waren dann aber stets unterlegen: 1903 mit 47,8 % den Nationalliberalen, bei einer Ergänzungswahl im November 1905 sowie 1907 mit 45,5 % respektive 49,2 % den Deutsch-Sozialen und 1912 erneut den Nationalliberalen mit 47,5 %. Einzig bei einer Ergänzungswahl 1910 hatten sie auf Anhieb das Mandat mit 50,2 % der Stimmen erobern können. Wenn Eisenach-Dermbach dennoch in beiden Modellen an die SPD geht, dann nur, weil die Nichtsozialisten eine nicht unerhebliche Wahlzettelmehrheit hätten überbieten müssen.

Ähnlich fällt das Urteil für den Reichstagswahlkreis Weimar aus, wo die SPD das Mandat mit 49,8 % nur hauchdünn verpasst hätte. Die DDP kam auf 26,5 %, es folgte die DNVP mit 18,8 %. Die sozialistischen Parteien kamen auf zusammen 53,4 %. Das entsprach jenem Niveau, auf dem sich die Sozialdemokraten in Stichwahlen 1903 (51,7 %) und 1912 (53,7 %) gegen die Nationalliberalen hatten durchsetzen können. 1907 waren sie dagegen in der zweiten Wahlrunden den Deutsch-Sozialen mit 41,5 % unterlegen. Angesichts der sozialistischen Stimmenmehrheit 1919 sowie der Tatsache, dass die SPD allein mehr Wahlzettel erhalten hatte als alle nichtsozialistischen Parteien zusammen, kann das Mandat jedoch in beiden Modellen den Mehrheitssozialdemokraten zugerechnet werden.

Damit verbleiben drei Stichwahlen, in denen sich USPD und DDP gegenübergestanden hätten. Im Reichstagswahlkreis Nordhausen kamen die Unabhängigen Sozialdemokraten auf 43,3 % und die Linksliberalen auf 24,9 %. Es folgten die DNVP mit 15 % sowie, mit 94 Stimmen Rückstand oder 14,8 %, die SPD. Damit bestand eine sozialistische Mehrheit von 58,2 %. Stichwahlen zwischen Linksliberalen und Sozialdemokraten hatte es seit der Jahrhundertwende regelmäßig gegeben; 1903 und 1907 hatten sich Erstere mit 59,9 % respektive 63,8 %, 1912 Letztere mit 54,8 % durchgesetzt. Angesichts dieser Vorgeschichte und vor allem, weil es nun ein Unabhängiger Sozialdemokrat war, der den Linksliberalen gegenübergestanden hätte, wird zwar im wahrscheinlicheren Modell A von einem Sieg der USPD, in Modell B aber von einem der DDP ausgegangen.

In Reuß jüngerer Linie hätten die Unabhängigen Sozialdemokraten das Mandat mit 49,6 % beinahe im ersten Wahlgang erobert, so aber in die Stichwahl gegen eine DDP gemusst, für die sich 18,1 % der Wähler entschieden. Es folgten die DNVP mit 17,3 % und die SPD mit 14,7 %, was eine sozialistische Mehrheit von 64,3 % ergab. Seit Jahrzehnten war das Fürstentum bereits im ersten Wahlgang von den Sozialdemokraten erobert worden, darunter 1903 mit 55,1 % und 1912 mit 54,2 %. Allein 1907 hatten sich die Nationalliberalen, die den einzigen Gegenkandidaten stellten, mit 54,7 % durchgesetzt. Angesichts des außerordentlich hohen Eigengewichts der USPD und der überwältigenden sozialistischen Stimmenmehrheit wird dennoch angenommen, dass ausreichend SPD-Anhänger in einer Stichwahl der USPD zum Sieg verholfen hätten.

Anders verhält es sich mit dem im Grunde weitgehend ähnlich gelagerten und benachbarten Reuß älterer Linie. Die Unabhängigen Sozialdemokraten erreichten hier 43,1 % und die Linksliberalen 24,6 %, die SPD folgte mit 20,1 %, die DNVP mit 12 %. Damit bestand eine nur wenig geringere sozialistische Stimmenmehrheit von 63,2 %. Auch hier hatten die Sozialdemokraten das Mandat seit Jahrzehnten fast immer bereits im ersten Wahlgang erobert, 1903 mit 50,5 %, 1912 mit 54,5 % und bei einer Ergänzungswahl Ende desselben Jahres mit 53,5 %. Ebenso waren sie auch hier 1907 unterlegen, allerdings war der Erfolg ihrer Gegner mit 57,5 % deutlich größer gewesen und das, obwohl diese der SPD sogar einen Konservativen als gemeinsamen Bewerber entgegengestellt hatten. Angesichts dessen sowie des vergleichsweise geringen Eigengewichts der USPD wird zwar in Modell A von einem Stichwahlerfolg der Unabhängigen Sozialdemokraten ausgegangen, im unwahrscheinlicheren Modell B aber das Mandat der DDP zugewiesen.

Insgesamt hätte sich der Wahlkreis 36 als eine der wichtigsten Bastionen der Sozialisten erwiesen. Die SPD entsendet in beiden Modellen zehn Abgeordnete. In Modell A treten noch fünf Bewerber der USPD hinzu, an Nichtsozialisten hätte sich allein ein Vertreter der CVP durchgesetzt. Modell B weicht hiervon nur insofern ab, als zwei Mandate von der USPD zur DDP wandern.

Wahlkreis 37: Hamburg, Bremen sowie der Regierungsbezirk Stade

Der Wahlkreis 37 umfasste das Territorium der drei Reichstagswahlkreise der Freien und Hansestadt Hamburg, der ebenfalls drei Reichstagswahlkreise des Regierungsbezirks Stade sowie die Freie und Hansestadt Bremen, welche einen Reichstagswahlkreis gebildet hatte. Von diesen hätte aber nur noch der Nordosten der Provinz Hannover seine Abgeordnete in Stichwahlverfahren bestimmt, denn Hamburg war durch die Wahlsystemreform vom Sommer 1918 in einen Fünf- und Bremen in einen Zwei-Personen-Wahlkreis umgewandelt worden.

Bei den Wahlen zur Nationalversammlung bestanden zehn Kandidatenlisten, aber nur, weil bei einigen Parteien jeder Landesteil eine eigene Bewerberliste aufgestellt hatte. Konkret kandidierten die DNVP mit drei („Verband Hansa", „Bremen" und „Stade") und die DDP mit zwei („Hamburg" und „Bremen") Listen. DVP, CVP, SPD, USPD und Deutsch-Hannoveraner hatten jeweils nur eine Kandidatenliste eingereicht. Aufgrund dieser ungewöhnlichen Bewerberkonstellation gab es auch nicht weniger als sechs Listenverbindungen, worunter allerdings auch die Verbindungen zwischen den drei DNVP-Listen und den zwei DDP-Listen fielen. Damit verblieben vier parteiübergreifende Listenverbindungen: Sie bestanden zwischen der SPD und der USPD, zwischen der CVP und den Deutsch-Hannoveranern, zwischen DNVP, CVP und Deutsch-Hannoveranern sowie zwischen DNVP, DVP, CVP und Deutsch-Hannoveranern.

Im Fünf-Personen-Wahlkreis Hamburg siegte die SPD deutlich mit 51,3 % der Stimmen. Es folgten die DDP mit 26,3 % und die DVP mit 11,7 %. Die sozialistischen Parteien erhielten zusammen 58,1 %, auf ihre Listenverbindung wären demnach drei Mandate entfallen, die allesamt der SPD zugute gekommen wären. Je ein Parlamentssitz wäre auf die DDP und die 15,6 % starke Listenverbindung aller übrigen Parteien entfallen; Letzteren hätte die DVP als stärkste Kraft jenseits von Sozialisten und Linksliberalen eingenommen. Leider war es den Statistikern nicht möglich, das Wahlergebnis nach den früheren drei Reichstagswahlkreisen aufzuschlüsseln. Dennoch kann davon ausgegangen werden, dass die SPD bei Ausbleiben einer Wahlsystemreform alle drei zu vergebenden Mandate erobert hätte, denn die USPD hätte es nirgendwo in die Stichwahl geschafft und gleichzeitig war der sozialistische Stimmenanteil so hoch, dass ein DDP- oder DVP-Wahlsieg als ausgesprochen unwahrscheinlich gelten muss. Zudem hatte die SPD nicht erst seit der Jahrhundertwende sämtliche Reichstagsabgeordnete Hamburgs gestellt und war seit Jahrzehnten in keine Stichwahl gezwungen worden.

Im Zwei-Personen-Wahlkreis Bremen schnitten die Mehrheitssozialdemokraten 1919 dagegen deutlich schlechter ab, blieben aber mit 42 % der Stimmen stärkste Kraft. Es folgten die DDP mit 33,5 % und die USPD mit 18,2 %. Die Listenverbindung der Sozialisten kam damit auf 60,2 %, die der rechten Parteien auf 6,23 %. Auf diese Weise wäre jeweils ein Mandat den Sozialisten und dort der SPD und eines der DDP zugute gekommen. Hätte die Wahlsystemreform nicht stattgefunden, hätte die SPD das eine zu vergebende Mandat in der Stichwahl gewonnen, verfügte sie allein doch über mehr Wähler als alle nichtsozialistischen Parteien zusammen.

Stichwahlen wären auch in den drei Reichstagswahlkreisen des Regierungsbezirks Stade nötig geworden. In zwei Fällen hätten sich SPD und Deutsch-Hannoveraner gegenübergestanden: In Harburg-Rotenburg-Zeven kamen Erstere auf 43,3 % und Letztere auf 19,9 %. Dieser Wert erhöht sich allerdings, da die Statistiker vermerkten, dass 9,7 % der Stimmen für einen von Deutsch-Hannoveranern und CVP gemeinsam aufgestellten Wahlvorschlag entfielen. Von den übrigen Parteien kam nur die DDP mit 14,2 % auf über 10 %, die Sozialisten erhielten zusammen 47,7 %, gemeinsam mit den Linksliberalen aber 61,8 %. In Harburg-Rotenburg-Zeven war es seit der Jahrhundertwende stets zu Stichwahlen gekommen, welche die Sozialdemokraten aber immer verloren hatten: 1903 mit 42,1 % gegen die Nationalliberalen, 1907 mit 42,8 % gegen die Freikonservativen und 1912 mit 43 % gegen die Welfen, die Vorläufer der Deutsch-Hannoveraner. Ein Stichwahlsieg der SPD 1919 erscheint daher zunächst wenig wahrscheinlich, andererseits bestand eine deutliche sozialistisch-linksliberale Mehrheit, und schon die Wahlenthaltung eines relativ kleinen Teiles der Linksliberalen hätte Harburg-Rotenburg-Zeven an die Linken fallen lassen. Angesichts dessen, dass die Wahlbeteiligung seit der Jahrhundertwende bei Stichwahlen hier tatsächlich stets leicht gefallen war (zwischen 0,9 % 1907 und 2,3 % 1903), wird das Mandat in Modell A der SPD, in Modell B den Deutsch-Hannoveranern zugesprochen.

Deutlich anders lagen die Verhältnisse in Stade-Blumenthal. Die SPD wurde hier zwar stärkste Kraft, allerdings mit nur 29,9 %. Die Deutsch-Hannoveraner wären mit 26,1 % in die Stichwahl gekommen, es folgten die DDP mit 22 % und die USPD mit 10,8 %. Die Sozialisten waren folglich mit insgesamt 40,7 % deutlich in der Minderheit, allerdings bestand eine sozialistisch-linksliberale Mehrheit von 62,6 %. Auch hier hatten es die Sozialdemokraten bei jeder Wahl seit der Jahrhundertwende in die Stichwahl geschafft, waren dort aber stets an den Nationalliberalen gescheitert: 1903 mit 37 %, bei einer Ergänzungswahl 1906 mit 34,6 %, 1907 mit 30,4 %, bei einer weiteren Ergänzungswahl 1909 mit 37 % und 1912 mit 41,8 %. Da unklar bleibt, wie sich die Anhänger der DDP bei der Auswahl zwischen SPD und Deutsch-Hannoveranern entschieden hätten und ohne die Linksliberalen Sozialisten und Nicht-Sozialisten relativ gleich stark waren, muss das Mandat in Modell A der SPD, in Modell B den Deutsch-Hannoveraner zuerkannt werden.

Damit verbleibt als letzter Reichstagswahlkreis Kehdingen-Neuhaus a. d. Oste, wo die Verhältnisse besonders kompliziert waren: Zwar wurde die SPD mit 45 % eindeutig stärkste Kraft, aber nur 544 Wahlzettel trennten die zweitplatzierte DDP von den drittplatzierten Deutsch-Hannoveranern, die jeweils 19 % respektive 18,3 % erhielten. Hätten sich CVP und Deutsch-Hannoveraner auf einen gemeinsamen Kandidaten geeinigt und hätte dieser alle auf beide Parteien entfallenen Wahlzettel erhalten, wäre er mit 198 Stimmen Vorsprung statt der Linksliberalen in die Stichwahl eingezogen. Da die Sozialisten nur über eine hauchdünne Mehrheit von 50,8 % verfügten, hätten sie gegen einen Deutsch-Hannoveraner die Stichwahl zwar vermutlich gewonnen, nicht aber unbedingt auch gegen einen Vertreter der DDP, zumal die SPD alle drei Stichwahlen seit der Jahrhundertwende verloren hatte: 1903 und 1912 mit 44 % respektive 46 % gegen die Nationalliberalen und 1907 mit 40,7 % gegen den Bund der Landwirte. Das Mandat wird daher in Modell A der SPD zugewiesen, im alles in allem unwahrscheinlicheren Modell B dagegen der DDP.

Im Wahlkreis 37 kommt die SPD in Modell A auf sieben Parlamentssitze, die DDP auf zwei und die DVP auf einen. In Modell B bleibt die SPD auf die vier in den Hansestädten errungenen Mandate beschränkt, die DDP entsendet drei, die Deutsch-Hannoveraner zwei und die DVP einen Vertreter.

Ziel der vorliegenden Untersuchung war es, begründet zu schätzen, wie sich die im Januar 1919 gewählte Nationalversammlung zusammengesetzt hätte, wäre statt eines Verhältniswahlrechts das im Sommer 1918 reformierte kaiserzeitliche Wahlsystem zur Anwendung gekommen. Hierzu wurden drei Modelle erstellt, wobei Modell A den für die sozialistischen Parteien günstigsten und Modell B den für die Sozialisten ungünstigsten Wahlausgang erfasst und beide daher Extremergebnisse darstellen.

Partei	Reales Ergebnis[45]	Modell A	Modell B
USPD	22	21	13
SPD	165	212	125
DDP	74	77	90
Bayerischer Bauernbund	4	10	3
CVP	73	73	96
Deutsch-Hannoveraner	3	-	3
BVP	16	14	34
DVP	23	7	12
DNVP	41	6	44
Sonstige	2	-	-
Gesamt	423	420	420

Tabelle 3: Mandatsverteilung bei den Wahlen zur Nationalversammlung. Angegeben sind das historisch korrekte Ergebnis der Wahl vom 19.1.1919 sowie die für die Modelle A und B bestimmten Resultate.

Zunächst ist festzustellen, dass es auch bei der Anwendung einer absoluten Mehrheitswahl mit an Sicherheit grenzender Wahrscheinlichkeit nicht zu einer SPD-Alleinregierung gereicht hätte. Zwar erhalten die Mehrheitssozialdemokraten in Modell A 212 Abgeordnete und damit einen mehr als für die absolute Mehrheit nötig, allerdings hätten für diesen Fall sämtliche extrem unwahrscheinlichen Stichwahlen zu ihren Gunsten ausgehen müssen. Ein solches Szenario ist so gut wie undenkbar; selbst wenn man berücksichtigt, dass das Frauenwahlrecht erst mit der Novemberrevolution eingeführt wurde und die SPD bei einem rein männlichen Votum vermutlich einen höheren Stimmenanteil erreicht hätte, hätte es enormen Glückes bedurft, um dieser Partei auch nur eine knappe und damit fragile absolute Sitzmehrheit zu verschaffen. Es ist daher davon auszugehen, dass die Mehrheitssozialdemokraten auch bei Anwendung der Wahlsystemreform vom Sommer 1918 einen Koalitionspartner benötigt hätten.

Diesen hätten sie in der USPD finden können, sodass eine sozialistische Regierung durchaus im Bereich des Möglichen gelegen hätte. Allerdings zählten die Unabhängigen Sozialdemokraten zu den größten Profiteuren des neuen Wahlsystems, denn bei einer absoluten Mehrheitswahl hätten sie ihr ohnehin erreichtes Ergebnis allenfalls einstellen, nicht aber verbessern können. Infolgedessen

45 Die historisch reale Zusammensetzung der Nationalversammlung wurde der von Dr. Valentin Schröder gepflegten Datensammlung http://www.wahlen-in-deutschland.de/wrtw.htm, zuletzt abgerufen am 9.4.2019, entnommen.

hätten sie eine SPD-USPD-Regierung nur geringfügig auf 233 Mandate verstärken können, was 55,5 % der Abgeordneten entsprochen hätte. Wäre ferner der Bayerische Bauernbund als Kurt Eisners Alliierter mit in die Koalition aufgenommen worden, hätte das die Regierungsmehrheit auf bis zu 243 Abgeordnete verstärkt. 23 Stichwahlniederlagen hätten sich die Sozialisten folglich leisten können, um über wenigstens noch eine Stimme Mehrheit in der Nationalversammlung zu verfügen.

Im ungünstigsten Fall dagegen hätten SPD, USPD und BB zusammen lediglich 141 Abgeordnete gestellt und die Sitzmehrheit um 69 Mandate verpasst. Für eine konservative Koalition aus CVP, DNVP und DVP, die in weiten Teilen des Reiches Listenverbindungen eingingen, hätte es freilich auch in diesem Fall nicht gereicht; sie wären selbst unter Einbeziehung von BVP und Deutsch-Hannoveranern auf maximal 186 Mandate gekommen. Dafür wäre aber eine Regierung aus jenen Parteien möglich gewesen, die in der Realität zu den Koalitionspartnern der Mehrheitssozialdemokraten wurden. Aufgrund ihrer Stellung als stärkster nichtsozialistischer Partei respektive ihrer Hochburgenbildung hätten Linksliberale, Christliche und Bayerische Volkspartei bei der Anwendung eines absoluten Mehrheitswahlrechts nämlich selbst im ungünstigsten Fall in etwa so viele Vertreter in die Nationalversammlung entsandt wie sie es in der Realität taten: Die DDP kommt in Modell A auf 77 statt 74 Mandate, die CVP in beiden Fällen auf 73 und die BVP auf 14 statt 16. Damit fehlten ihnen nach dem 19.1.1919 nur 49 Stimmen zur absoluten Mehrheit.

Geht man nun vom für diese Parteien günstigsten Wahlergebnis aus, so kommt zunächst die DDP in Modell B auf 90 Mandate, die CVP auf 96, die Deutsch-Hannoveraner auf drei und die BVP auf 34. Eine vom nichtsozialistischen Teil der Weimarer Koalition gebildete Regierung hätte sich demnach auf 223 Abgeordnete stützen können, und das wären noch nicht alle. So könnte man beispielsweise alle neun in der Provinz Posen gewählten Abgeordneten auch der DDP statt der DNVP anrechnen. Im in der Einleitung erwähnten Modell C, das den günstigsten Wahlausgang für eine DDP-CVP-Koalition annimmt, erhalten diese beiden Parteien zusammen mit Deutsch-Hannoveranern und BVP 13 Mandate mehr als in Modell B, sodass die Regierung von bis zu 236 Abgeordneten hätte getragen werden können. Das entspricht der Größenordnung, die auch für eine SPD-USPD-Regierung im besten Fall erreichbar gewesen wäre. Und so wie diese bis zu zehn Unterstützer durch den Bayerischen Bauernbund hätte hinzugewinnen können, hätte eine DDP-CVP-BVP-Koalition fünf Abgeordnete mehr erhalten können, hätten fünf ihrer Kandidaten ein paar Dutzend Stimmen mehr gewonnen, als es ihre Parteien in der Realität taten, und so den Einzug in die Stichwahl geschafft.

Die Anwendung einer absoluten Mehrheitswahl hätte damit sowohl die Option einer sozialistischen als auch die einer linksliberal-reformkonservativen Regierung ermöglicht. Dasselbe gilt übrigens für das erwartete Bündnis aus SPD und DDP, welches in Modell A eine satte Mehrheit von 289, mindestens aber die 215 Mandate von Modell B erhalten hätte. Letzteres wäre für die Mehrheitssozialdemokraten sogar günstiger gewesen, zumal die DDP ihren Mandatsanteil unter Umständen, wie am Beispiel der Provinz Posen gesehen, noch etwas hätte verstärken können, denn in der Realität war es die Übermacht des roten Koalitionspartners, der die DDP dazu brachte, die Aufnahme der CVP in die Regierung vorzuschlagen.[46]

Eine Abweichung vom tatsächlichen Geschichtsverlauf hätte sich folglich am ehesten dann ergeben, wenn bei der Wahl zur Nationalversammlung Modell B Realität und eine reine SPD-DDP-Koalition gebildet worden wäre. Allerdings ergibt sich damit ein neues Problem, denn diese Regierung hätte nur über eine sehr schmale Mandatsmehrheit verfügen dürfen, sodass schon wenige Abweichler dem Bündnis ein Ende hätten bereiten können. Dass nur ein Teil der DDP bereit war, dem Versailler Vertrag zuzustimmen und die Linksliberalen die Koalition nach dessen Annahme für einige Monate verließen, zeigt, dass die Gefahr eines Zerbrechens einer solchen Regierung durchaus bestanden hätte. Zwar hätten auch dann USPD und CVP die Vertragsannahme vermutlich sichergestellt,[47] doch ändert das wenig an der Frage nach der Stabilität einer SPD-DDP-Regierung.

46 Vgl. LEHNERT: Die Weimarer Republik, S. 37.
47 Zur realen historischen Situation vgl. BÜTTNER, Ursula: Weimar – Die überforderte Republik 1918-1933 – Leistung

Tatsächlich ist die wahrscheinlichste Antwort auf die in dieser Arbeit gestellte Frage die, dass ein anderes Wahlverfahren nichts am historischen Verlauf geändert hätte. Denn geht man davon aus, dass in der Praxis etwa der Mittelwert zwischen den Extremen (also den Modellen A und B) eingetreten wäre, dann hätte eine SPD-USPD-BB-Regierung ebenso wie eine DDP-CVP-BVP-Regierung lediglich 192 Mandate erhalten (Letztere ein bis zwei mehr bei Einbeziehung der Deutsch-Hannoveraner, 202 oder 203 bei Anwendung des Modells C statt B), die absolute Mehrheit also eindeutig verfehlt. Die DDP hätte schließlich angesichts des sozialdemokratischen Übergewichts auch in diesem Fall die Beteiligung der CVP ins Spiel gebracht. So bleibt denn abschließend nur festzustellen, dass die Anwendung eines Mehrheitswahlrechts zwar Potenziale in unterschiedliche Richtungen barg, aber voraussichtlich keine Änderung bei der Koalitionsbildung bewirkt hätte.

und Versagen in Staat, Gesellschaft, Wirtschaft und Kultur, Stuttgart 2008, S. 128, 130.

Anhang

A. Reichstagswahlgesetz vom 24. August 1918...66

B. Die Ergebnisse der Wahl zur Nationalversammlung am 19. Januar 1919 auf dem Gebiet der ehemaligen Reichstagswahlkreise...70

A. Reichstagswahlgesetz vom 24. August 1918

Quelle: Reichs-Gesetzblatt Jahrgang 1918, Nr. 115, S. 1079-1083.

(Nr. 6444) Gesetz über die Zusammensetzung des Reichstags und die Verhältniswahl in großen Reichstagswahlkreisen. Vom 24. August 1918.

Wir Wilhelm, von Gottes Gnaden Deutscher Kaiser, König von Preußen etc.
verordnen im Namen des Reichs, nach erfolgter Zustimmung des Bundesrats und des Reichstags, was folgt:

§ 1
Die Zahl der Mitglieder des Reichstags wird auf 441 erhöht.

§ 2
Die Stadtgebiete von Berlin, Breslau, Frankfurt a. M., München und Dresden sowie das Hamburgische Staatsgebiet bilden je einen Wahlkreis.

§ 3
Zu je einem Wahlkreis werden vereinigt:
1. die Wahlkreise Cöln 1 und 2 sowie der zur Stadt Cöln gehörenden Teil des Wahlkreises Cöln 6 (Wahlkreis Cöln),
2. der Wahlkreis Düsseldorf 4 mit dem zur Stadt Düsseldorf gehörenden Teile des Wahlkreises Düsseldorf 12 (Wahlkreis Düsseldorf),
3. der Wahlkreis Düsseldorf 2 mit dem zur Stadt Elberfeld gehörenden Teile des Wahlkreises Düsseldorf 1 (Wahlkreis Elberfeld),
4. der Wahlkreis Düsseldorf 5 mit dem zur Stadt Essen a. d. Ruhr gehörenden Teile des Wahlkreises Düsseldorf 6 (Wahlkreis Essen),
5. der Wahlkreis Düsseldorf 6 mit dem zur Stadt Oberhausen gehörenden Teile des Wahlkreises Düsseldorf 5 (Wahlkreis Duisburg),
6. der Wahlkreis Hannover 8 mit dem zur Stadt Linden gehörenden Teile des Wahlkreises Hannover 9 (Wahlkreis Hannover),
7. die Wahlkreise Sachsen 12 und 13 (Wahlkreis Leipzig),
8. der Wahlkreis Württemberg mit dem zur Stadt Stuttgart gehörenden Teile des Wahlkreises Württemberg 2 (Wahlkreis Stuttgart).

§ 4
Für die nach den §§ 2 und 3 gebildeten Wahlkreise sowie die Wahlkreise:
Potsdam 6 (Wahlkreis Niederbarnim),
Potsdam 10 (Wahlkreis Teltow),
Oppeln 5 (Wahlkreis Königshütte),
Oppeln 6 (Wahlkreis Hindenburg),
Schleswig-Holstein 7 (Wahlkreis Kiel),
Münster 3 (Wahlkreis Recklinghausen),
Arnsberg 5 (Wahlkreis Bochum),
Arnsberg 6 (Wahlkreis Dortmund),
Mittelfranken 1 (Wahlkreis Nürnberg),
Sachsen 16 (Wahlkreis Chemnitz),
Baden 11 (Wahlkreis Mannheim) und
Bremen (Wahlkreis Bremen)

treten an die Stelle des § 6 Abs. 1 und der §§ 11 und 12 des Wahlgesetzes für den Deutschen Reichstag vom 31. Mai 1869 (Bundesgesetzbl. S. 145) die Vorschriften der folgenden §§ 5, 7 bis 15.

§ 5

Im Wahlkreis Berlin werden 10, im Wahlkreis Teltow 7, im Wahlkreis Hamburg 5, in den Wahlkreisen Bochum und Leipzig je 4, in den Wahlkreisen Cöln, Breslau, Duisburg, Dortmund, Essen, Niederbarnim, München und Dresden je 3 und in den übrigen in §§ 2 bis 4 genannten Wahlkreisen je 2 Abgeordnete nach den Grundsätzen der Verhältniswahl gewählt.

§ 6

Beträgt die Zahl der auf einen Wahlkreis entfallenden reichsdeutschen Einwohner nach den beiden letzten allgemeinen Volkszählungen mehr als 300 000, so tritt bei der nächsten allgemeinen Wahl für jede weiteren angefangenen 200 000 reichsdeutschen Einwohner je ein neuer Abgeordneter hinzu.

Die Abgeordneten dieser Wahlkreise sind nach den Grundsätzen der Verhältniswahl zu wählen.

§ 7

Bei dem Wahlkommissar sind spätestens am 21. Tage vor dem Wahltag Wahlvorschläge einzureichen. Die Wahlvorschläge müssen von mindestens 50 im Wahlkreis zur Ausübung der Wahl berechtigten Personen unterzeichnet sein. Sie dürfen höchsten zwei Namen mehr einhalten, als Abgeordnete im Wahlkreis zu wählen sind.

Von jedem vorgeschlagenen Bewerber ist eine Erklärung über seine Zustimmung zur Aufnahme in den Wahlvorschlag anzuschließen.

In demselben Wahlkreis darf ein Bewerber nur einmal vorgeschlagen werden.

§ 8

Mehrere Wahlvorschläge können miteinander verbunden werden.

Die Verbindung muß von den Unterzeichnern der betreffenden Wahlvorschläge oder ihren Bevollmächtigten übereinstimmend spätestens am 7. Tage vor dem Wahltag beim Wahlkommissar schriftlich erklärt werden.

Verbundene Wahlvorschläge können nur gemeinschaftlich zurückgenommen werden.

Die verbundenen Wahlvorschläge gelten den anderen Wahlvorschlägen gegenüber als ein Wahlvorschlag.

§ 9

Für die Prüfung der Wahlvorschläge und ihrer Verbindung wird für jeden Wahlkreis ein Wahlausschuß gebildet, der aus dem Wahlkommissar als Vorsitzendem und vier Beisitzern besteht. Auf die Beisitzer findet § 9 Abs. 2 des Wahlgesetzes vom 31. Mai 1869 Anwendung.

Der Wahlausschuß faßt seine Beschlüsse mit Stimmenmehrheit.

Nach der öffentlichen Bekanntgabe der zugelassenen Wahlvorschläge können diese nicht mehr zurückgenommen und ihre Verbindung kann nicht mehr aufgehoben werden.

§ 10

Die Stimmzettel sind außerhalb des Wahlraums mit den Namen der Bewerber, denen der Wähler seine Stimme geben will, handschriftlich oder im Wege der Vervielfältigung zu versehen.

Die Namen auf den einzelnen Stimmzetteln dürfen nur einem der öffentlich bekanntgegebenen Wahlvorschläge entnommen sein.

§ 11

Behufs Ermittlung des Wahlergebnisses ist festzustellen, wieviel gültige Stimmen abgegeben und wie viele hiervon auf jeden Wahlvorschlag und auf jeden die verbundenen Wahlvorschläge gemeinschaftlich entfallen sind.

§ 12

Die Abgeordnetensitze werden auf die Wahlvorschläge nach dem Verhältnis der ihnen nach § 11 zustehenden Stimmen verteilt. Zu dem Zwecke werden diese Stimmenzahlen nacheinander durch 1, 2, 3, 4 usw. geteilt und von den sich hierbei ergebenden Teilzahlen so viele Höchstzahlen der Größe nach ausgesondert, als Abgeordnete zu wählen sind. Jeder Wahlvorschlag erhält so viel Abgeordnetensitze, als auf ihn Höchstzahlen entfallen. Wenn die an letzter Stelle stehende Höchstzahl zugleich entfällt, entscheidet das Los.

Verbundene Wahlvorschläge werden hierbei mit der Gesamtzahl der ihnen nach § 11 zustehenden Stimmen als ein Wahlvorschlag in Rechnung gestellt. Die ihnen zukommenden Abgeordnetensitze werden auf die einzelnen Wahlvorschläge nach Abs. 1 verteilt.

Wenn ein Wahlvorschlag oder eine Gruppe verbundener Wahlvorschläge weniger Bewerber enthält, als auf sie Höchstzahlen entfallen, so gehen die überschüssigen Sitze auf die Höchstzahlen der anderen Wahlvorschläge über.

§ 13

Für die Verteilung der einem Wahlvorschlage zugeteilten Abgeordnetensitze unter die einzelnen Bewerber ist die Reihenfolge der Benennungen auf den Wahlvorschlägen maßgebend.

§ 14

Den Wahlvorständen und den Wahlkommissaren können für die Prüfung der Abstimmung und die Ermittlung des Ergebnisses Beamte als Hilfsarbeiter beigegeben werden.

Die Hilfsarbeiter nehmen an der Beschlußfassung nicht teil.

§ 15

Wenn ein Abgeordneter die Wahl ablehnt oder nachträglich aus dem Reichstag ausscheidet, tritt an seine Stelle ohne die Vornahme einer Ersatzwahl der Bewerber, der demselben Wahlvorschlag, oder wenn dieser erschöpft ist, einem mit ihm verbundenen Wahlvorschlag angehört und nach dem Grundsatz des § 13 hinter dem Abgeordneten an erster Stelle berufen erscheint.

Ist ein solcher Bewerber nicht vorhanden, so bleibt der Abgeordnetensitz für den Rest der Legislaturperiode unbesetzt.

§ 16

Die noch erforderlichen Einzelvorschriften und Ausführungsbestimmungen über die Beschaffenheit und Prüfung der Wahlvorschläge, die Prüfung der Stimmzettel, die Ermittlung des Wahlergebnisses und die Bestimmung von Ersatzmännern erläßt der Bundesrat in einer Wahlordnung.

Die Wahlordnung sowie jede Änderung derselben bedarf der Zustimmung des Reichstags.

§ 17

Dieses Gesetz tritt mit Ausnahme des § 16 erst mit Ablauf der gegenwärtigen Legislaturperiode in Kraft.

Urkundlich unter Unserer Höchsteigenhändigen Unterschrift und beigedrucktem Kaiserlichen Insiegel.

Gegeben Großes Hauptquartier, den 24. August 1918.

(Siegel)   Wilhelm

Dr. Graf von Hertling

B. Die Ergebnisse der Wahl zur Nationalversammlung am 19. Januar 1919 auf dem Gebiet der
ehemaligen Reichstagswahlkreise

Quelle: Vierteljahreshefte zur Statistik des Deutschen Reichs, 28. Jg. 1919, Viertes Heft, hrsg. v. Statistischen Reichsamt, S. 278-285.

Die Ergebnisse wurden in der amtlichen Statistik in der üblichen Reihenfolge der preußischen und bayerischen Provinzen und Regierungsbezirke sowie der einzelnen Bundesstaaten aufgelistet. Es finden sich demnach in den Vierteljahresheften:

S. 278: Provinzen Ostpreußen und Westpreußen, Stadt Berlin, Regierungsbezirk Potsdam
S. 279: Provinzen Pommern und Posen, Regierungsbezirke Breslau, Frankfurt/Oder und Liegnitz
S. 280: Provinzen Sachsen und Schleswig-Holstein, Regierungsbezirke Aurich, Oppeln und Osna brück
S. 281: Provinzen Westfalen und Hessen-Nassau, Regierungsbezirke Hannover, Hildesheim, Ko blenz, Lüneburg und Stade
S. 282: Regierungsbezirke Aachen, Düsseldorf, Köln, Niederbayern, Pfalz, Oberbayern, Sigmarin gen und Trier
S. 283: Sachsen, Regierungsbezirke Mittelfranken, Oberfranken, Oberpfalz, Unterfranken und Schwaben
S. 284: Baden, Hessen, Mecklenburg-Schwerin, Sachsen-Weimar-Eisenach und Württemberg
S. 285: Anhalt, Braunschweig, Bremen, Lippe, Lübeck, Hamburg, Mecklenburg-Strelitz, Olden burg, Reuß älterer Linie, Reuß jüngerer Linie, Sachsen-Altenburg, Sachsen-Coburg und Go tha, Sachsen-Meiningen, Schaumburg-Lippe, Schwarzburg-Rudolstadt, Schwarzburg-Son dershausen und Waldeck-Pyrmont

Davon abweichend erfolgt die Wiedergabe der Ergebnisse hier im Rahmen der zur Wahl der Nationalversammlung eingerichteten Wahlkreise. Diese Wahlkreise sind in ihrer offiziellen Reihenfolge aufgelistet. Um keine Verwirrung bei den alten Reichstagswahlkreisen aufkommen zu lassen, die zwar nicht ihren Gebietsstand, wohl aber ihren Namen zuweilen änderten, folgt deren Bezeichnung den Handbüchern Carl-Wilhelm Reibels sowie ihre Reihenfolge innerhalb der neuen Wahlkreise der amtlichen Nummerierung. Von den Statistikern zusammengefasste Reichstagswahlkreise sind mit einem Stern (*) gekennzeichnet.

Reichstagswahlkreis	Gesamt	DNVP	DVP	CVP	DDP	SPD	USPD
Memel-Heydekrug	41604	2666	2290	735	12010	23563	340
Labiau-Wehlau	37465	6933	1505	192	7274	18502	3059
Königsberg*[48]	189612	15049	31017	4585	36282	70772	31907
Heiligenbeil-Pr. Eylau	37338	9163	1535	762	7653	17147	1078
Braunsberg-Heilsberg	52263	628	762	41831	2164	6822	56
Pr. Holland-Mohrungen	36237	10299	1063	1157	7046	16654	18
Osterode i. Ostpr.-Neidenburg	50744	9151	1618	1575	9357	28866	177
Allenstein-Rössel	65632	901	4807	35691	3236	20760	237
Rastenburg-Gerdauen-Friedland	51453	11013	1878	1320	8371	28634	237
Tilsit-Niederung	63221	3271	3220	866	18210	36513	1141
Ragnit-Pillkallen	41156	5305	1214	135	10325	23501	676
Gumbinnen-Insterburg	60750	6609	6294	454	17408	25930	4055
Stallupönen-Goldap-Darkehmen	46291	7349	3663	306	12279	22438	256
Angerburg-Lötzen	30401	3487	1716	575	6341	18036	246
Oletzko-Lyck-Johannisburg	58733	8305	7610	531	6271	35812	204
Sensburg-Ortelsburg	47030	7903	2002	2808	6881	25251	2185

Tabelle 4: Ergebnisse der Wahl zur Nationalversammlung am 19.1.1919 in den Reichstagswahlkreisen auf dem Gebiet des Wahlkreises 1 (Provinz Ostpreußen).

48 Umfasst die Reichstagswahlkreise Stadt Königsberg i. Pr. und Königsberg Land-Fischhausen.

Reichstagswahlkreis	Gesamt	DNVP	CVP	DDP	SPD	USPD
Elbing-Marienburg	79214	12327	9539	17217	22855	17276
Danzig*[49]	144577	22168	23516	34375	55677	8841
Neustadt-Karthaus	30842	8216	6738	9178	6269	441
Berent-Pr. Stargard	27572	6040	2687	12730	6007	63
Stuhm-Marienwerder	31684	8488	3878	8702	9799	817
Rosenberg-Löbau	30762	8686	1472	9806	10798	
Graudenz-Strasburg	50882	10181	2377	22932	15097	295
Thorn-Kulm	45539	16018	1405	20083	7891	142
Schwetz	19789	5667	483	9740	3889	10
Konitz-Tuchel	18655	3381	6723	4612	3910	29
Schlochau-Flatow	45557	17606	9281	6144	12297	229
Deutsch-Krone	29196	8633	10942	2989	6586	46

Tabelle 5: Ergebnisse der Wahl zur Nationalversammlung am 19.1.1919 in den Reichstagswahlkreisen auf dem Gebiet des Wahlkreises 2 (Provinz Westpreußen).

49 Umfasst die Reichstagswahlkreise Danzig Land und Stadt Danzig.

Reichstagswahlkreis	Gesamt	DNVP	DVP	CVP	DDP	SPD	USPD
Mitte	30418	5281	3637	1880	8029	9525	2066
Äußere Stadt, Süd und Südwest	176107	23908	18072	10662	35533	69470	18462
Innere Stadt, Süd[50]	54213	6196	3516	2700	11477	21013	9310
Äußere Stadt, Ost[51]	268029	18628	10544	13480	40933	98906	85517
Innere Stadt, Nord[52]	70501	7120	3698	3604	16685	26018	13373
Äußere Stadt, Nord und Nordwest[53]	478505	40621	21692	22780	60830	167340	165222

Tabelle 6: Ergebnisse der Wahl zur Nationalversammlung am 19.1.1919 in den Reichstagswahlkreisen auf dem Gebiet des Wahlkreises 3 (Berlin).

Reichstagswahlkreis	Gesamt	DNVP	DVP	CVP	DDP	SPD	USPD
Westprignitz	44628	9790	1107	271	12934	20104	422
Ostprignitz	33369	7244	1105	137	13260	11580	43
Ruppin-Templin	62141	12011	6446	425	13630	29361	268
Prenzlau-Angermünde	57624	12588	8364	543	11136	24551	442
Oberbarnim	51111	7315	4649	664	11163	24312	3008
Niederbarnim	359732	23659	26835	12281	53902	136938	106117
Potsdam-Osthavelland-Spandau	135547	20020	8267	5086	26980	48504	26690
Westhavelland-Brandenburg	67361	5604	3185	858	17760	38977	977
Zauch-Belzig-Jüterbog-Luckenwalde	87968	12814	6237	554	23673	41076	3614
Teltow-Beeskow-Storkow-Charlottenburg[54]	889454	117712	95647	33359	186424	318273	138008

Tabelle 7: Ergebnisse der Wahl zur Nationalversammlung am 19.1.1919 in den Reichstagswahlkreisen auf dem Gebiet der Wahlkreise 4 und 5 (Regierungsbezirk Potsdam).

50 Zudem wurde eine Stimme für „Sonstige" abgegeben.
51 Zudem wurden 21 Stimmen für „Sonstige" abgegeben.
52 Zudem wurden drei Stimmen für „Sonstige" abgegeben.
53 Zudem wurden 20 Stimmen für „Sonstige" abgegeben.
54 Zudem wurden 31 Stimmen für „Sonstige" abgegeben.

Reichstagswahlkreis	Gesamt	DNVP	DVP	CVP	DDP	SPD	USPD
Arnswalde-Friedeberg	43192	16566	181	272	4998	21158	17
Landsberg-Soldin	65252	14567	1544	1153	13481	34447	60
Königsberg in der Neumark	46347	13414	566	494	10039	21349	485
Frankfurt a. O.-Lebus	83462	12894	4946	1824	18923	43371	1504
Ost- und Weststernberg	40679	9323	3317	214	9206	18595	24
Züllichau-Krossen	53606	13974	2048	2688	9509	25371	16
Guben-Lübben	57683	6302	3472	1113	17086	29386	324
Sorau	60244	7760	759	1076	15590	34631	428
Cottbus-Spremberg	71624	9116	1931	993	18771	39778	1035
Kalau-Luckau	81086	13187	338	918	17394	48894	355

Tabelle 8: Ergebnisse der Wahl zur Nationalversammlung am 19.1.1919 in den Reichstagswahlkreisen auf dem Gebiet des Wahlkreises 6 (Regierungsbezirk Frankfurt/Oder).

Reichstagswahlkreis	Gesamt	DNVP	DVP	CVP	DDP	SPD	USPD
Demmin-Anklam	38330	10548	5527	161	7602	14491	1
Ueckermünde-Usedom-Wollin	53780	6865	6200	633	9410	29577	1095
Stettin*[55]	202243	24561	26672	375	43162	95382	12091
Pyritz-Saatzig	51883	16130	5017	330	12211	18150	45
Naugard-Regenwalde	44696	18692	2335	191	8852	14537	89
Greifenberg-Kammin	37959	14577	4797	175	6434	11960	16
Stolp-Lauenburg	74473	18333	8902	838	15422	30866	112
Bütow-Rummelsburg-Schlawe	59458	19313	3717	701	13001	22665	61
Köslin-Kolberg-Körlin-Bublitz	65614	16841	5697	411	18752	23440	473
Belgard-Schivelbein-Dramburg	46951	18024	4347	70	8629	15881	
Neustettin	32650	11439	4691	222	4077	12221	
Rügen-Franzburg-Stralsund	59254	9001	6179	422	17504	24939	1209
Grimmen-Greifswald	45545	10427	4663	307	11019	18918	211

Tabelle 9: Ergebnisse der Wahl zur Nationalversammlung am 19.1.1919 in den Reichstagswahlkreisen auf dem Gebiet des Wahlkreises 7 (Provinz Pommern).

55 Umfasst die Reichstagswahlkreise Randow-Greifenhagen und Stadt Stettin.

Provinz	Gesamt	DNVP	DVP	CVP	DDP	SPD	USPD
Provinz Posen	324588	110502	54883	33640	72266	53297	

Tabelle 10: Ergebnisse der Wahl zur Nationalversammlung am 19.1.1919 in den Reichstagswahlkreisen auf dem Gebiet des Wahlkreises 8 (Provinz Posen). Aufgrund der extrem niedrigen Wahlbeteiligung wurde das Ergebnis von den Statistikern nicht auf die einzelnen Reichstagswahlkreise aufgeteilt und nur für die gesamte Provinz überliefert.

Reichstagswahlkreis	Gesamt	DNVP	CVP	DDP	SPD	USPD
Guhrau-Steinau-Wohlau[56]	46210	11126	8184	10605	16086	6
Militsch-Trebnitz	49937	12119	7844	13125	16848	1
Wartenberg-Oels	52529	14011	9376	9305	19832	5
Namslau-Brieg	46094	9279	7699	9737	19379	
Ohlau-Nimptsch-Strehlen	52279	10433	9448	7495	24890	13
Breslau*[57]	361745	51874	56838	55133	197080	816
Striegau-Schweidnitz[58]	66295	11546	11485	11112	32117	34
Waldenburg	76393	8048	7626	9309	51404	6
Reichenbach-Neurode	56173	4622	13564	5964	31941	82
Glatz-Habelschwerdt	54579	1832	35006	3922	13819	
Frankenstein-Münsterberg	35125	2705	20269	3481	8670	

Tabelle 11: Ergebnisse der Wahl zur Nationalversammlung am 19.1.1919 in den Reichstagswahlkreisen auf dem Gebiet des Wahlkreises 9 (Regierungsbezirk Breslau).

56 Zudem wurden 203 Stimmen für „Sonstige" abgegeben.
57 Umfasst die Reichstagswahlkreise Stadt Breslau, Ost, Stadt Breslau, West und Landkreis Breslau-Neumarkt. Zudem wurden vier Stimmen für „Sonstige" abgegeben.
58 Zudem wurde eine Stimme für „Sonstige" abgegeben.

Reichstagswahlkreis	Gesamt	DNVP	CVP	DDP	SPD	USPD
Kreuzburg-Rosenberg	36698	8382	9849	4448	14009	10
Oppeln	52295	3579	22190	3507	22997	22
Groß Strehlitz-Kosel	47391	1977	24226	2061	18764	363
Lublinitz-Tost-Gleiwitz	61630	3299	26680	5059	26282	310
Beuthen-Tarnowitz	106998	5413	46552	8004	40915	6114
Kattowitz-Zabrze	104362	7605	33446	9406	312024	22881
Pleß-Rybnik	30491	5301	15372	3127	6017	674
Ratibor	59333	2503	34398	2760	19439	233
Leobschütz	39299	2103	27997	1636	7559	4
Neustadt in Oberschlesien	41552	1858	25699	1384	12353	258
Falkenberg-Grottkau	35666	3654	21977	2029	6359	1647
Neiße	48402	1842	32948	2359	11252	1

Tabelle 12: Ergebnisse der Wahl zur Nationalversammlung am 19.1.1919 in den Reichstagswahlkreisen auf dem Gebiet des Wahlkreises 10 (Regierungsbezirk Oppeln).

Reichstagswahlkreis	Gesamt	DNVP	CVP	DDP	SPD	USPD
Grünberg-Freistadt	55510	7842	5584	13415	28667	2
Sagan-Sprottau	49915	8388	4649	11789	25085	4
Glogau	38087	6550	7233	8470	15834	
Lüben-Bunzlau	44505	6928	3335	12246	21987	9
Löwenberg	29807	3808	5943	9441	10611	4
Liegnitz-Goldberg-Hainau	79668	13395	4957	21718	39590	8
Landeshut-Jauer-Bolkenhain	54022	7065	10135	12430	24392	
Schönau-Hirschberg	56841	5883	4745	19627	26586	
Görlitz-Lauban	108969	10942	4768	32141	61103	15
Rothenburg-Hoyerswerda	53705	6886	2291	11528	33000	

Tabelle 13: Ergebnisse der Wahl zur Nationalversammlung am 19.1.1919 in den Reichstagswahlkreisen auf dem Gebiet des Wahlkreises 11 (Regierungsbezirk Liegnitz).

Reichstagswahlkreis	Gesamt	DNVP	DVP	CVP	DDP	SPD	USPD
Salzwedel-Gardelegen	60972	10795	1538	370	28121	20144	4
Osterburg-Stendal	65721	13578	2804	633	14633	33928	145
Jerichow I und II	72331	9340	1175	507	17673	42792	844
Magdeburg*[59]	207969	8496	7634	4742	46882	128196	12019
Wolmirstedt-Neuhaldensleben	59688	4965	619	957	11361	41361	425
Aschersleben-Kalbe	108526	6969	4620	1505	20026	60717	5689
Oschersleben-Halberstedt-Wernigerode	93545	5401	7242	2609	20553	55338	2402
Dessau-Zerbst	88707	6284	493	589	31484	48826	1031
Bernburg-Ballenstedt	85387	6725	578	987	23293	51458	2346

Tabelle 14: Ergebnisse der Wahl zur Nationalversammlung am 19.1.1919 in den Reichstagswahlkreisen auf dem Gebiet des Wahlkreises 12 (Anhalt sowie der Regierungsbezirk Magdeburg).

Reichstagswahlkreis	Gesamt	DNVP	DVP	CVP	DDP	SPD	USPD
Liebenwerda-Torgau[60]	60968	8107	2574	342	15830	16845	17257
Schweinitz-Wittenberg[61]	58321	9024	3143	304	18694	12472	14658
Bitterfeld-Delitzsch	78471	9165	1318	900	18399	9873	38816
Saalkreis-Halle a. S.[62]	139040	16132	1721	1750	33917	19733	65782
Mansfelder See- und Gebirgskreis[63]	84327	5967	1551	1842	13573	6551	53461
Sangerhausen-Eckartsberga[64]	55646	6493	2669	220	12757	13585	19917
Querfurt-Merseburg[65]	79890	7705	1469	429	22654	10053	37576
Naumburg-Weißenfels-Zeitz[66]	110653	14204	3386	786	25448	19946	46880

Tabelle 15: Ergebnisse der Wahl zur Nationalversammlung am 19.1.1919 in den Reichstagswahlkreisen auf dem Gebiet des Wahlkreises 13 (Regierungsbezirk Merseburg). Es ist davon auszugehen, dass alle unter „Sonstige" verzeichneten Stimmen auf die Deutschen Beamten-, Angestellten- und Mittelstandspartei entfielen.

59 Umfasst die Reichstagswahlkreise Stadt Magdeburg und Wanzleben.
60 Zudem wurden 13 Stimmen für „Sonstige" abgegeben.
61 Zudem wurden 26 Stimmen für „Sonstige" abgegeben.
62 Zudem wurden fünf Stimmen für „Sonstige" abgegeben.
63 Zudem wurden 1382 Stimmen für „Sonstige" abgegeben.
64 Zudem wurden fünf Stimmen für „Sonstige" abgegeben.
65 Zudem wurden vier Stimmen für „Sonstige" abgegeben.
66 Zudem wurden drei Stimmen für „Sonstige" abgegeben.

Reichstagswahlkreis	Gesamt	DNVP	DVP	CVP	DDP	SPD	USPD
Hadersleben-Sonderburg[67]	12064	1315	2566	82	3304	4304	1
Apenrade-Flensburg[68]	59070	2554	5478	316	16058	24646	329
Schleswig-Eckernförde[69]	61243	3353	4091	243	17477	21037	2174
Tondern-Husum-Eiderstedt[70]	47434	4006	3755	201	19684	10673	760
Dithmarschen-Steinburg[71]	81822	4762	7043	153	25505	36150	433
Pinneberg-Segeberg-Altona-Stormarn*[72]	240753	14929	18039	2726	65131	124666	11113
Kiel[73]	209317	12931	17634	3912	47211	104846	11396
Oldenburg-Plön[74]	47389	9063	3501	92	10388	21861	134
Herzogtum Lauenburg[75]	27942	4482	564	168	9563	11631	816

Tabelle 16: Ergebnisse der Wahl zur Nationalversammlung am 19.1.1919 in den Reichstagswahlkreisen auf dem Gebiet des Wahlkreises 14 (Provinz Schleswig-Holstein). Es ist davon auszugehen, dass alle unter „Sonstige" verzeichneten Stimmen auf die Schleswig-Holsteinischen Bauern- und Arbeiterdemokratie entfielen.

67 Zudem wurden 492 Stimmen für „Sonstige" abgegeben.
68 Zudem wurden 9689 Stimmen für „Sonstige" abgegeben.
69 Zudem wurden 12866 Stimmen für „Sonstige" abgegeben.
70 Zudem wurden 8355 Stimmen für „Sonstige" abgegeben.
71 Zudem wurden 7776 Stimmen für „Sonstige" abgegeben.
72 Umfasst die Reichstagswahlkreise Pinneberg-Segeberg (ohne Stadt) und Altona-Stormarn. Zudem wurden 4149 Stimmen für „Sonstige" abgegeben.
73 Zudem wurden 11387 Stimmen für „Sonstige" abgegeben.
74 Zudem wurden 2350 Stimmen für „Sonstige" abgegeben.
75 Zudem wurden 718 Stimmen für „Sonstige" abgegeben.

Reichstagswahlkreis	Gesamt	DNVP	DVP	CVP	DDP	SPD	USPD
Emden-Norden[76]	64382	6622	10359	1638	17613	25643	2362
Aurich-Wittmund[77]	67750	3333	12425	4973	24619	18122	4170
Meppen-Bentheim-Lingen[78]	70377	246	5950	46753	9386	6893	14
Osnabrück[79]	102057	947	13953	32862	13799	34475	490
Melle-Diepholz[80]	47972	830	4498	5434	9550	10647	3
Oldenburg-Lübeck-Birkenfeld[81]	88353	4938	7367	5700	23614	35663	878
Jever-Westerstede[82]	89253	503	9254	1627	34160	31263	12436
Vechta-Cloppenburg[83]	71183	100	6942	40134	9142	12209	2640

Tabelle 17: Ergebnisse der Wahl zur Nationalversammlung am 19.1.1919 in den Reichstagswahlkreisen auf dem Gebiet des Wahlkreises 15 (Oldenburg sowie die Regierungsbezirke Aurich und Osnabrück). Es ist davon auszugehen, dass alle unter „Sonstige" verzeichneten Stimmen auf die Deutsch-Hannoverschen Partei entfielen.

76 Zudem wurden 145 Stimmen für „Sonstige" abgegeben.
77 Zudem wurden 108 Stimmen für „Sonstige" abgegeben.
78 Zudem wurden 1135 Stimmen für „Sonstige" abgegeben.
79 Zudem wurden 5531 Stimmen für „Sonstige" abgegeben.
80 Zudem wurden 10413 Stimmen für einen von CVP und Deutsch-Hannoverscher Partei gemeinsam aufgestellten Wahlvorschlag abgegeben. Schließlich entfielen 6597 Stimmen auf „Sonstige".
81 Zudem wurden 10061 Stimmen für einen von DDP und DVP gemeinsam aufgestellten Wahlvorschlag abgegeben. Schließlich entfielen 132 Stimmen auf „Sonstige".
82 Zudem wurden zehn Stimmen für „Sonstige" abgegeben.
83 Zudem wurden 16 Stimmen für „Sonstige" abgegeben.

Reichstagswahlkreis	Gesamt	DNVP	DVP	CVP	DDP	SPD	USPD
Syke-Hoya[84]	65388	1961	9143	10968	10540	20614	1711
Neustadt am Rübenberge-Nienburg[85]	65487	2489	7205	24195	5199	26374	22
Hannover-Stadt Linden[86]	242951	5840	31604	51363	25474	125705	2962
Hameln-Kreis Linden	78633	1862	4738	17609	9226	44950	248
Hildesheim[87]	86303	3529	10965	24250	9050	38180	316
Einbeck-Northeim	52283	1310	4282	14101	5511	27061	18
Göttingen-Münden[88]	67120	3103	6347	20625	10194	26572	276
Goslar-Zellerfeld[89]	58790	3284	6250	8325	6343	32589	1991
Gifhorn-Peine[90]	91935	2827	8065	27078	8425	42569	2943
Lüchow-Uelzen[91]	60081	2936	5675	26334	6859	18254	17
Lüneburg-Winzen[92]	70766	1847	8271	24950	9784	25283	324
Braunschweig-Blankenburg[93]	116071	51	72	61	23087	30095	36869
Helmstedt-Wolfenbüttel[94]	68660	68	36	27	11495	19032	19780
Holzminden-Gandersheim[95]	57830	85	77	81	9689	23057	12109

Tabelle 18: Ergebnisse der Wahl zur Nationalversammlung am 19.1.1919 in den Reichstagswahlkreisen auf dem Gebiet des Wahlkreises 16 (Braunschweig sowie die Regierungsbezirke Hannover, Hildesheim und Lüneburg). Es ist davon auszugehen, dass alle unter „Sonstige" verzeichneten Stimmen in den preußischen Regierungsbezirken auf die Deutsch-Hannoversche Partei und in Braunschweig auf den Braunschweigischen Landeswahlverband entfielen.

84 Zudem wurden 456 Stimmen für einen von CVP und Deutsch-Hannoverscher Partei gemeinsam aufgestellten Wahlvorschlag abgegeben. Schließlich entfielen 9995 Stimmen auf „Sonstige".
85 Zudem wurden drei Stimmen für „Sonstige" abgegeben.
86 Zudem wurden drei Stimmen für „Sonstige" abgegeben.
87 Zudem wurden 13 Stimmen für „Sonstige" abgegeben.
88 Zudem wurden drei Stimmen für „Sonstige" abgegeben.
89 Zudem wurden acht Stimmen für „Sonstige" abgegeben.
90 Zudem wurden 28 Stimmen für „Sonstige" abgegeben.
91 Zudem wurden sechs Stimmen für „Sonstige" abgegeben.
92 Zudem wurden 307 Stimmen für „Sonstige" abgegeben.
93 Zudem wurden 25836 Stimmen für „Sonstige" abgegeben.
94 Zudem wurden 18222 Stimmen für „Sonstige" abgegeben.
95 Zudem wurden 12732 Stimmen für „Sonstige" abgegeben.

Reichstagswahlkreis	Gesamt	DNVP	DVP	CVP	DDP	SPD	USPD
Tecklenburg-Steinfurt-Ahaus[96]	92661	2344	7148	61855	6384	14844	5
Münster-Koesfeld[97]	105155	3721	3576	77822	6212	13249	83
Borken-Recklinghausen[98]	205467	3602	9764	101755	5158	66377	18779
Lüdinghausen-Beckum-Warendorf[99]	83669	545	894	64346	1724	15399	734
Minden-Lübbecke	82623	18902	12746	1517	16352	33095	11
Herford-Halle[100]	78103	18639	10212	1497	13432	34311	6
Bielefeld-Wiedenbrück[101]	116430	14908	11072	23120	16004	50259	1045
Paderborn-Büren	55129	1733	951	45904	1394	5070	77
Warburg-Höxter[102]	47114	610	2262	37604	1671	4963	
Schaumburg-Lippe	25003	3688	2136	180	5097	13902	
Lippe	76854	16098	1709	2306	18034	38355	352

Tabelle 19: Ergebnisse der Wahl zur Nationalversammlung am 19.1.1919 in den Reichstagswahlkreisen auf dem Gebiet des Wahlkreises 17 (Lippe, Schaumburg-Lippe sowie die Regierungsbezirke Minden und Münster). Es ist davon auszugehen, dass alle unter „Sonstige" verzeichneten Stimmen auf die Christlich-Soziale Partei entfielen.

Reichstagswahlkreis	Gesamt	DNVP	DVP	CVP	DDP	SPD	USPD
Siegen-Wittgenstein[103]	88435	4926	1163	9047	14705	24503	552
Olpe-Meschede-Arnsberg	77991	2525		63313	1932	9896	325
Altena-Iserlohn	111253	15495		20072	21745	47302	6639
Hagen	131597	22133		19113	25667	36931	27753
Bochum-Gelsenkirchen-Hattingen	347452	50381		84880	17960	180205	14026
Dortmund	279095	36066		63526	21521	147599	10383
Hamm-Soest	101143	16229		32962	14813	37027	112
Lippstadt-Brilon	46262	1853		36738	2010	5318	343

Tabelle 20: Ergebnisse der Wahl zur Nationalversammlung am 19.1.1919 in den Reichstagswahlkreisen auf dem Gebiet des Wahlkreises 18 (Regierungsbezirk Arnsberg).

96 Zudem wurden 81 Stimmen für „Sonstige" abgegeben.
97 Zudem wurden 492 Stimmen für „Sonstige" abgegeben.
98 Zudem wurden 32 Stimmen für „Sonstige" abgegeben.
99 Zudem wurden 27 Stimmen für „Sonstige" abgegeben.
100 Zudem wurden sechs Stimmen für „Sonstige" abgegeben.
101 Zudem wurden 22 Stimmen für „Sonstige" abgegeben.
102 Zudem wurden vier Stimmen für „Sonstige" abgegeben.
103 Zudem wurden 33539 Stimmen für einen von DNVP und DVP gemeinsam aufgestellten Wahlvorschlag abgegeben.

Reichstagswahlkreis	Gesamt	DNVP	DVP	CVP	DDP	SPD	USPD
Frankfurt/Main*[104]	424781	18594	35052	65510	88648	184599	32100
Stadt Wiesbaden	112172	1265	16290	24086	32332	34808	3391
Unterwesterwald-Rheingau[105]	55906	3060	2904	27262	11339	10634	706
Ober- und Unterlahnkreis	59762	1229	4531	21230	13267	18905	600
Dillkreis-Oberwesterwald	53819	9740	2828	11515	11882	14579	3275
Rinteln-Hofgeismar	54875	7578	3240	1708	11048	31291	10
Kassel-Melsungen	136311	14311	3111	4355	31501	81382	1651
Fritzlar-Homberg-Ziegenhain	42170	10149	820	1400	10216	19580	5
Eschwege-Schmalkalden[106]	61738	4836	331	635	13130	33347	7673
Marburg-Frankenberg	52668	11245	3527	6243	14734	16113	806
Hersfeld-Rotenburg	47963	7035	837	8411	10179	21497	4
Fulda-Schlüchtern	60249	3594	912	35636	6963	12477	667

Tabelle 21: Ergebnisse der Wahl zur Nationalversammlung am 19.1.1919 in den Reichstagswahlkreisen auf dem Gebiet des Wahlkreises 19 (Waldeck sowie die Provinz Hessen-Nassau).

Reichstagswahlkreis	Gesamt	DNVP	DVP	CVP	DDP	SPD	USPD
Köln*[107]	347940	8847	17704	148965	35094	132947	4383
Bergheim-Euskirchen	50295	303	546	39438	909	9093	6
Rheinbach-Bonn	96572	6531	3110	58813	9050	18991	77
Siegkreis-Waldbröl	76193	6187	1384	47114	5990	15037	481
Mülheim a. Rhein-Wipperfürth-Gummersbach	68237	4804	1296	32336	8868	20826	107
Schleiden-Malmedy-Montjoie	49649	611	655	44223	972	3187	1
Aachen*[108]	149762	2218	6218	99642	9088	31908	688
Düren-Jülich	76244	256	2306	58155	3617	11897	13
Geilenkirchen-Heinsberg-Erkelenz	55782	1314	252	50526	412	3228	50

Tabelle 22: Ergebnisse der Wahl zur Nationalversammlung am 19.1.1919 in den Reichstagswahlkreisen auf dem Gebiet des Wahlkreises 20 (Regierungsbezirke Köln und Aachen).

104 Umfasst die Reichstagswahlkreise Landkreis Wiesbaden-Obertaunus, Stadt Frankfurt a. Main und Hanau. Zudem wurden 278 Stimmen für „Sonstige" abgegeben.
105 Zudem wurde eine Stimme für „Sonstige" abgegeben.
106 Zudem wurden 1786 Stimmen für einen von DNVP und DVP gemeinsam aufgestellten Wahlvorschlag abgegeben.
107 Umfasst die Reichstagswahlkreise Stadtkreis Köln und Landkreis Köln.
108 Umfasst die Reichstagswahlkreise Eupen-Aachen Land-Burtscheid und Stadt Aachen.

Reichstagswahlkreis	Gesamt	DNVP	DVP	CVP	DDP	SPD	USPD
Wetzlar-Altenkirchen[109]	75413	11946	4156	18855	7823	23559	1896
Neuwied	47169	369		22451	11180	13169	
Koblenz-St. Goar	77884	1689		46464	14969	14762	
Kreuznach-Simmern	59359	2162		21378	24658	11161	
Mayen-Ahrweiler	58377	170		44366	4165	9676	
Adelnau-Kochem-Zell	47707	268		36860	7506	3073	
Daun-Prüm-Bitburg	56130	123		50206	2751	3050	
Wittlich-Bernkastel	43960	252		32026	8638	3044	
Trier	67951	103		52936	4947	9965	
Saarburg-Merzig-Saarlouis	91322	214		66825	3982	20301	
Saarbrücken	119486	1485		41029	25400	51572	
Ottweiler-St. Wendel	89473	4841		38732	16668	29232	

Tabelle 23: Ergebnisse der Wahl zur Nationalversammlung am 19.1.1919 in den Reichstagswahlkreisen auf dem Gebiet des Wahlkreises 21 (Fürstentum Birkenfeld sowie die Regierungsbezirke Koblenz und Trier).

Reichstagswahlkreis	Gesamt	DNVP	CVP	DDP	SPD	USPD
Lennep-Mettmann	146933	29865	19316	25939	30369	41444
Städte Elberfeld und Barmen	170465	44957	20245	22495	64238	18530
Solingen	110114	8330	23019	17241	31892	29632
Düsseldorf	231394	22207	90129	27770	33292	57996
Essen	288104	42988	109289	22770	83558	29499

Tabelle 24: Ergebnisse der Wahl zur Nationalversammlung am 19.1.1919 in den Reichstagswahlkreisen auf dem Gebiet des Wahlkreises 22 (Teile des Regierungsbezirks Düsseldorf).

---

109 Zudem wurden 7178 Stimmen für einen von DDP und DVP gemeinsam aufgestellten Wahlvorschlag abgegeben.

Reichstagswahlkreis	Gesamt	DNVP	DVP	CVP	DDP	SPD	USPD
Mülheim a. d. Ruhr-Duisburg[110]	222261	18481	38109	65856	18038	81773	4
Mörs-Rees	98389	10565	11726	41417	6806	27875	
Kleve-Geldern	61762	1360	2910	49208	3091	5193	
Kempen	51234	650	1076	37997	683	10807	21
Gladbach	106877	5228	7312	64569	7022	17059	5687
Krefeld	89024	2326	3162	42515	10054	30963	4
Neuss-Grevenbroich[111]	69481	2415	2289	46732	3634	14359	51

Tabelle 25: Ergebnisse der Wahl zur Nationalversammlung am 19.1.1919 in den Reichstagswahlkreisen auf dem Gebiet des Wahlkreises 23 (Teile des Regierungsbezirks Düsseldorf).

---

110 Wie von den Statistikern vermerkt wurde, ist das Wahlergebnis aufgrund von Störungen während der Wahlen unvollständig.

111 Zudem wurde eine Stimme für „Sonstige" abgegeben.

Reichstagswahlkreis	Gesamt	DNVP	BVP	DDP	SPD	USPD
München*[112]	402865	8132	100240	70864	178313	38136
Aichach[113]	49612	91	25524	1612	9021	81
Ingolstadt[114]	61980	140	29224	3003	19605	603
Wasserburg[115]	50862	110	24923	1328	9733	74
Weilheim[116]	64984	248	26328	3785	17479	242
Rosenheim[117]	76420	229	33839	4387	24895	553
Traunstein[118]	64700	548	29553	2667	14764	8
Augsburg[119]	114639	868	40297	16751	49572	2759
Donauwörth[120]	49857	425	20652	4555	9039	27
Dillingen[121]	47105	210	21956	4178	9760	18
Illertissen[122]	65997	431	22965	5357	15571	41
Kaufbeuren[123]	56155	182	25189	2819	9751	13
Immenstadt[124]	61756	300	25076	8492	14859	1059

Tabelle 26: Ergebnisse der Wahl zur Nationalversammlung am 19.1.1919 in den Reichstagswahlkreisen auf dem Gebiet des Wahlkreises 24 (Oberbayern und Schwaben). Es ist davon auszugehen, dass die meisten unter „Sonstige" verzeichneten Stimmen auf den Bayerischen Bauernbund entfielen.

[112] Umfasst die Reichstagswahlkreise München I und München II. Zudem wurden 7180 Stimmen für „Sonstige" abgegeben.
[113] Zudem wurden 13283 Stimmen für „Sonstige" abgegeben.
[114] Zudem wurden 9405 Stimmen für „Sonstige" abgegeben.
[115] Zudem wurden 14694 Stimmen für „Sonstige" abgegeben.
[116] Zudem wurden 16902 Stimmen für „Sonstige" abgegeben.
[117] Zudem wurden 12517 Stimmen für „Sonstige" abgegeben.
[118] Zudem wurden 17610 Stimmen für „Sonstige" abgegeben.
[119] Zudem wurden 4392 Stimmen für „Sonstige" abgegeben.
[120] Zudem wurden 15159 Stimmen für „Sonstige" abgegeben.
[121] Zudem wurden 10983 Stimmen für „Sonstige" abgegeben.
[122] Zudem wurden 21632 Stimmen für „Sonstige" abgegeben.
[123] Zudem wurden 18201 Stimmen für „Sonstige" abgegeben.
[124] Zudem wurden 11970 Stimmen für „Sonstige" abgegeben.

Reichstagswahlkreis	Gesamt	DNVP	BVP	DDP	SPD	USPD
Landshut[125]	50096		22646	3216	11118	77
Straubing[126]	58490		19394	2138	15553	68
Passau[127]	49910		25031	2728	13988	106
Pfarrkirchen[128]	47306		11178	1460	10464	15
Deggendorf[129]	40612		16815	1590	15150	116
Kelheim[130]	40888		19331	1002	7039	101
Regensburg[131]	72131		36007	5821	24894	1598
Amberg[132]	54227	133	33019	4681	14373	255
Neumarkt[133]	42474	467	30222	2032	6255	8
Neunburg vorm Wald[134]	40069		24960	1188	9583	11
Neustadt an der Waldnaab[135]	56338		35266	4802	14315	159

Tabelle 27: Ergebnisse der Wahl zur Nationalversammlung am 19.1.1919 in den Reichstagswahlkreisen auf dem Gebiet des Wahlkreises 25 (Niederbayern und Oberpfalz). Es ist davon auszugehen, dass die meisten unter „Sonstige" verzeichneten Stimmen auf den Bayerischen Bauernbund entfielen.

125Zudem wurden 13039 Stimmen für „Sonstige" abgegeben.
126Zudem wurden 21337 Stimmen für „Sonstige" abgegeben.
127Zudem wurden 8057 Stimmen für „Sonstige" abgegeben.
128Zudem wurden 24189 Stimmen für „Sonstige" abgegeben.
129Zudem wurden 6941 Stimmen für „Sonstige" abgegeben.
130Zudem wurden 13415 Stimmen für „Sonstige" abgegeben.
131Zudem wurden 3811 Stimmen für „Sonstige" abgegeben.
132Zudem wurden 1766 Stimmen für „Sonstige" abgegeben.
133Zudem wurden 3490 Stimmen für „Sonstige" abgegeben.
134Zudem wurden 4327 Stimmen für „Sonstige" abgegeben.
135Zudem wurden 1796 Stimmen für „Sonstige" abgegeben.

Reichstagswahlkreis	Gesamt	DNVP	BVP	DDP	SPD	USPD
Hof	67695	5426	1374	17438	11647	32080
Bayreuth	62138	12150	4005	12439	32269	1275
Forchheim	57438	8809	21314	7078	19731	506
Kronach	58628	2470	24072	5518	25278	1290
Bamberg	65467	631	37137	8266	19306	127
Nürnberg	204180	7823	17891	57443	106248	14775
Erlangen-Fürth	96494	10566	6692	24624	51304	3308
Ansbach-Schwabach	52753	15558	4232	12517	20084	362
Eichstätt[136]	43399	5309	21937	5638	10369	1
Dinkelsbühl	41291	19538	7044	7304	7405	
Rothenburg o. d. T.	47263	12413	3398	17682	13762	8
Aschaffenburg	65923	405	34132	6484	22879	2023
Kitzingen	48278	1338	22567	11505	12814	54
Lohr	51003	962	30448	5844	13415	334
Neustadt a. d. Saale	53784	542	31015	8335	11781	2111
Schweinfurt	55280	1420	23603	6950	12994	10313
Würzburg	69508	1047	30625	13105	23950	781

Tabelle 28: Ergebnisse der Wahl zur Nationalversammlung am 19.1.1919 in den Reichstagswahlkreisen auf dem Gebiet des Wahlkreises 26 (Unter-, Mittel- und Oberfranken).

Reichstagswahlkreis	Gesamt	DVP	BVP	DDP	SPD	USPD
Speyer	11976	14349	26759	14806	57211	3851
Landau	75708	10857	23197	18174	23133	347
Germersheim	44679	12475	18892	2764	10528	20
Zweibrücken	82176	16019	29814	6140	27519	2684
Homburg	54747	14839	13578	5647	20554	129
Kaiserslautern	74936	19831	11807	11866	31234	198

Tabelle 29: Ergebnisse der Wahl zur Nationalversammlung am 19.1.1919 in den Reichstagswahlkreisen auf dem Gebiet des Wahlkreises 27 (Pfalz).

136Zudem wurden 145 Stimmen für „Sonstige" abgegeben.

Reichstagswahlkreis	Gesamt	DNVP	DVP	CVP	DDP	SPD	USPD
Zittau	67841	4155	2321	2863	22223	34703	1576
Löbau	63782	4351	2313	1419	19686	35599	414
Bautzen-Kamenz	83875	15178	6327	5370	17757	37964	1279
Dresden*[137]	468923	56208	66563	5453	70234	249141	21324
Meißen-Großenhain	90559	16260	6144	628	13350	49531	4646
Pirna	77358	12020	6148	518	16249	26027	16396
Freiberg	61522	12411	7441	126	8399	31804	1341

Tabelle 30: Ergebnisse der Wahl zur Nationalversammlung am 19.1.1919 in den Reichstagswahlkreisen auf dem Gebiet des Wahlkreises 28 (Sächsische Reichstagswahlkreise 1-9, später Dresden-Bautzen).

Reichstagswahlkreis	Gesamt	DNVP	CVP	DDP	SPD	USPD
Döbeln	68595	10928	57	16164	38085	3361
Oschatz-Grimma	65558	14322	360	16498	10023	24355
Stadt Leipzig	99080	11591	1034	43207	16102	27146
Amtshauptmannschaft Leipzig	321768	21046	1671	85689	49568	163794
Borna	64922	14202	77	16054	14251	20338

Tabelle 31: Ergebnisse der Wahl zur Nationalversammlung am 19.1.1919 in den Reichstagswahlkreisen auf dem Gebiet des Wahlkreises 29 (Sächsische Reichstagswahlkreise 10-14, später Leipzig).

[137]Umfasst die Reichstagswahlkreise Dresden rechts der Elbe, Dresden links der Elbe und Amtshauptmannschaft Dresden Altstadt-Dippoldiswalde.

Reichstagswahlkreis	Gesamt	DNVP	CVP	DDP	SPD	USPD
Mittweida-Burgstädt	90776	12824	57	16550	51673	9672
Chemnitz	174609	31036	986	27655	110751	4181
Meerane-Glauchau	72146	8102	127	14589	46584	2744
Zwickau	117562	13468	591	26262	70221	7020
Stollberg-Lößnitz-Schneeberg-Hartenstein	90622	8892	470	16240	63289	1731
Sayda-Marienberg	60740	10354	125	13135	36705	421
Annaberg-Schwarzenberg	72642	7199	501	19333	43587	2022
Kirchberg-Auerbach	95140	8545	135	24466	53509	8485
Plauen	110362	16654	635	30645	42636	19792

Tabelle 32: Ergebnisse der Wahl zur Nationalversammlung am 19.1.1919 in den Reichstagswahlkreisen auf dem Gebiet des Wahlkreises 30 (Sächsische Reichstagswahlkreise 15-23, später Chemnitz-Zwickau).

Reichstagswahlkreis	Gesamt	DNVP	CVP	DDP	SPD	USPD
Sigmaringen (Hohenzollern)[138]	36669	565	25044	4429	6360	130
Stuttgart-Cannstatt-Ludwigsburg*[139]	293352	40617	17977	90984	124908	18215
Brackenheim-Heilbronn[140]	85035	14545	11301	21554	35704	1774
Böblingen-Leonberg[141]	56766	12894	1084	15602	25657	1414
Eßlingen-Kirchheim[142]	82621	14194	3007	21579	39408	4271
Reutlingen-Tübingen[143]	70673	7229	10256	23830	28406	818
Nagold-Neuenbürg[144]	55156	15237	1967	17004	20337	495
Freudenstadt-Oberndorf[145]	56835	6206	15710	13807	20468	541
Balingen-Rottweil[146]	74764	4984	22057	14559	31610	1343
Gmünd-Göppingen[147]	78992	9248	14907	19409	32010	3230
Hall-Oehringen[148]	52097	16479	1384	16027	17257	833
Gerabronn-Künzelsau[149]	54303	10665	11282	18335	13662	227
Aalen-Ellwangen[150]	54017	5864	27470	8975	11317	266
Ulm[151]	89859	12681	15049	23932	36619	1354
Ehingen-Laupheim[152]	53082	6204	27305	10377	8797	280
Biberach-Waldsee[153]	62313	1813	48587	5125	6394	269
Ravensburg-Saulgau[154]	71112	3084	48709	6435	11290	911

Tabelle 33: Ergebnisse der Wahl zur Nationalversammlung am 19.1.1919 in den Reichstagswahlkreisen auf dem Gebiet des Wahlkreises 31/32 (Württemberg sowie der Regierungsbezirk Sigmaringen).

138Zudem wurden 141 Stimmen für „Sonstige" abgegeben.
139Umfasst die Reichstagswahlkreise Stuttgart und Cannstatt-Ludwigsburg. Zudem wurden 651 Stimmen für „Sonstige" abgegeben.
140Zudem wurden 157 Stimmen für „Sonstige" abgegeben.
141Zudem wurden 115 Stimmen für „Sonstige" abgegeben.
142Zudem wurden 162 Stimmen für „Sonstige" abgegeben.
143Zudem wurden 134 Stimmen für „Sonstige" abgegeben.
144Zudem wurden 125 Stimmen für „Sonstige" abgegeben.
145Zudem wurden 103 Stimmen für „Sonstige" abgegeben.
146Zudem wurden 211 Stimmen für „Sonstige" abgegeben.
147Zudem wurden 188 Stimmen für „Sonstige" abgegeben.
148Zudem wurden 117 Stimmen für „Sonstige" abgegeben.
149Zudem wurden 131 Stimmen für „Sonstige" abgegeben.
150Zudem wurden 125 Stimmen für „Sonstige" abgegeben.
151Zudem wurden 224 Stimmen für „Sonstige" abgegeben.
152Zudem wurden 111 Stimmen für „Sonstige" abgegeben.
153Zudem wurden 125 Stimmen für „Sonstige" abgegeben.
154Zudem wurden 683 Stimmen für „Sonstige" abgegeben.

Reichstagswahlkreis	Gesamt	DNVP	CVP	DDP	SPD
Konstanz-Überlingen	73139	1976	35073	15536	20554
Donaueschingen-Villingen	58085	2211	27898	11806	16170
Schopfheim-Waldshut	57481	1449	30374	9474	16184
Lörrach-Müllheim	53691	3146	16618	15863	18064
Freiburg	87157	6308	37338	17445	26084
Lahr-Wolfach	53466	3610	26067	12127	11662
Kehl-Offenburg	57400	2183	25989	12945	16283
Bühl-Rastatt	69663	1393	38518	9887	10865
Pforzheim	101052	13739	18589	19178	49546
Karlsruhe	106470	10282	26395	27944	41849
Mannheim	148507	9237	26545	32987	79738
Heidelberg	76795	9089	18476	22612	26618
Bretten-Sinsheim	59181	9799	20328	11869	17185
Adelsheim-Buchen-Tauberbischofsheim	51666	4554	32927	7163	7022

Tabelle 34: Ergebnisse der Wahl zur Nationalversammlung am 19.1.1919 in den Reichstagswahlkreisen auf dem Gebiet des Wahlkreises 33 (Baden).

Reichstagswahlkreis	Gesamt	DNVP	DVP	CVP	DDP	SPD	USPD
Gießen	65049	14167	4868	1230	14796	27491	2497
Friedberg-Büdingen	55203	9274	3126	5754	8690	25781	2578
Lauterbach-Alsfeld	40265	8253	5419	1695	10359	14538	1
Darmstadt-Groß-Gerau	100185	3315	17266	5107	23265	49970	1262
Offenbach-Dieburg	116846	5116	6429	21034	15737	63329	5201
Erbach-Bensheim	58194	2296	5383	9399	11499	29600	17
Worms	72407	669	16125	20626	8382	26368	237
Bingen-Alzey	53256	211	8407	16959	14972	12707	
Mainz	92202	58	6326	29049	16502	39427	840

Tabelle 35: Ergebnisse der Wahl zur Nationalversammlung am 19.1.1919 in den Reichstagswahlkreisen auf dem Gebiet des Wahlkreises 34 (Hessen-Darmstadt).

Reichstagswahlkreis	Gesamt	DNVP	DVP	DDP	SPD
Hagenow-Grevesmühlen[155]	43696	7259	1632	14628	17948
Schwerin-Wismar[156]	71657	7796	4797	23515	33810
Parchim-Ludwigslust[157]	49734	6190	2308	13814	23970
Malchin-Waren[158]	43341	8123	2058	12509	20410
Rostock-Doberan[159]	77230	7183	6021	21608	40001
Güstrow-Ribnitz[160]	41217	7488	2254	10328	20535
Mecklenburg-Strelitz[161]	51819	7373	409	18436	25400
Lübeck	68493	6924	360	20863	40346

Tabelle 36: Ergebnisse der Wahl zur Nationalversammlung am 19.1.1919 in den Reichstagswahlkreisen auf dem Gebiet des Wahlkreises 35 (Mecklenburg-Schwerin, Mecklenburg-Strelitz und Lübeck). Es ist davon auszugehen, dass alle unter „Sonstige" verzeichneten Stimmen auf den Mecklenburgischen Dorfbund entfielen.

[155]Zudem wurden 2229 Stimmen für „Sonstige" abgegeben.
[156]Zudem wurden 1739 Stimmen für „Sonstige" abgegeben.
[157]Zudem wurden 3452 Stimmen für „Sonstige" abgegeben.
[158]Zudem wurden 241 Stimmen für „Sonstige" abgegeben.
[159]Zudem wurden 2417 Stimmen für „Sonstige" abgegeben.
[160]Zudem wurden 612 Stimmen für „Sonstige" abgegeben.
[161]Zudem wurden 201 Stimmen für „Sonstige" abgegeben.

Reichstagswahlkreis	Gesamt	DNVP	CVP	DDP	SPD	USPD
Nordhausen	43097	6473	833	10730	6379	18682
Heiligenstadt-Worbis	44944	2569	32703	2079	7428	165
Mühlhausen-Langensalza-Weißensee	70656	13749	8305	13759	17456	17387
Erfurt-Schleusingen-Ziegenrück	123355	17633	5278	24311	26544	49589
Weimar	80097	15090	949	21251	39853	2954
Eisenach-Dermbach	64878	10698	4450	14458	24005	11267
Neustadt an der Orla	74762	17924	520	17623	35522	3173
Meiningen-Hildburghausen	67027	14137	700	15498	35427	1265
Sonneberg-Saalfeld	69399	7207	316	14871	45264	1741
Sachsen-Altenburg	108592	18432	291	26340	60768	2761
Coburg	38097	3253	186	13081	20865	712
Gotha	96746	13596	501	23401	7397	51851
Schwarzburg-Sondershausen	46216	6853	261	11086	2620	25396
Schwarzburg-Rudolstadt	49560	8346	88	10075	29745	1306
Reuß ältere Linie	38614	4619	75	9518	7763	16639
Reuß jüngere Linie	79966	13822	225	14499	11718	39702

Tabelle 36: Ergebnisse der Wahl zur Nationalversammlung am 19.1.1919 in den Reichstagswahlkreisen auf dem Gebiet des Wahlkreises 25 (Regierungsbezirk Erfurt, Sachsen-Weimar-Eisenach, Sachsen-Meiningen, Sachsen-Coburg und Gotha, Sachsen-Altenburg, Schwarzburg-Sondershausen, Schwarzburg-Rudolstadt, Reuß älterer Linie, Reuß jüngerer Linie, Kreis Schmalkalden, später Thüringen).

Reichstagswahlkreis	Gesamt	DNVP	DVP	CVP	DDP	SPD	USPD
Harburg-Rotenburg-Zeven[162]	106649	2537	6543	22	15098	46161	4692
Stade-Blumenthal[163]	63466	3411	2939	783	13941	18949	6861
Kehdingen-Neuhaus a. d. Oste[164]	82025	5689	3304	742	15595	36906	4738
Bremen[165]	166026	6594	459	2952	55680	69808	30199
Hamburg*[166]	593389	15992	69219	7361	156054	304535	40017

Tabelle 37: Ergebnisse der Wahl zur Nationalversammlung am 19.1.1919 in den Reichstagswahlkreisen auf dem Gebiet des Wahlkreises 37 (Hamburg, Bremen sowie der Regierungsbezirk Stade). Es ist davon auszugehen, dass alle unter „Sonstige" verzeichneten Stimmen auf die Deutsch-Hannoversche Partei entfielen.

162 Zudem wurden 21205 Stimmen für „Sonstige" und 10391 Stimmen für einen von CVP und Deutsch-Hannoveranern gemeinsam aufgestellten Wahlvorschlag abgegeben.

163 Zudem wurden 16852 Stimmen für „Sonstige" abgegeben.

164 Zudem wurden 15051 Stimmen für „Sonstige" abgegeben.

165 Zudem wurden 334 Stimmen für „Sonstige" abgegeben.

166 Umfasst die Reichstagswahlkreise Hamburg Ost, Hamburg West sowie Geest- und Marschlande. Zudem wurden 211 Stimmen für „Sonstige" abgegeben.

Literaturverzeichnis

a) gedruckte Quellen

BAEDERMANN, Tim: Der Einfluss des Wahlrechts auf das Parteiensystem (= Beiträge zum ausländischen und vergleichenden öffentlichen Recht, Bd. 26), Baden-Baden 2007.

BÜTTNER, Ursula: Weimar – Die überforderte Republik 1918-1933 – Leistung und Versagen in Staat, Gesellschaft, Wirtschaft und Kultur, Stuttgart 2008.

FALTER, Jürgen; LINDENBERGER, Thomas; SCHUMANN, Siegfried, unter Mitarbeit von HÄNISCH, Dirk; LOHMÖLLER, Jan-Bernd und DE RIJKE, Johann: Wahlen und Abstimmungen in der Weimarer Republik – Materialien zum Wahlverhalten 1919-1933 (= Statistische Arbeitsbücher zur neueren deutschen Geschichte), München 1986.

HARTWIG, Edgar: Welfen 1866-1933 (Deutsch-Hannoversche Partei [DHP]), in: FRICKE, Dieter (Leiter des Autorenkollektivs); FRITSCH, Werner; GOTTWALD, Herbert; SCHMIDT, Siegfried; WEISSBECKER, Manfred (Hrsg.): Lexikon zur Parteiengeschichte – Die bürgerlichen und kleinbürgerlichen Parteien und Verbände in Deutschland (1789-1945) in vier Bänden, Bd. 4: Reichsverband der Deutschen Industrie – Zweckverband der freien Deutschtumsvereine, Leipzig 1986, S. 482-490.

HOENSCH, Jörg K.: Geschichte Polens, 2., neubearb. u. erw. Aufl., Stuttgart 1990.

INACHIN, Kyra T.: Durchbruch zur demokratischen Moderne – Die Landtage von Mecklenburg-Schwerin, Mecklenburg-Strelitz und Pommern während der Weimarer Republik, Bremen 2004.

KOTOWSKI, Albert S.: Zwischen Staatsräson und Vaterlandsliebe – Die Polnische Fraktion im Deutschen Reichstag 1871-1918 (= Beiträge zur Geschichte des Parlamentarismus und der politischen Parteien; 159), Düsseldorf 2007.

LEHNERT, Detlef: Die Weimarer Republik – Parteienstaat und Massengesellschaft, Stuttgart 1999.

LORENZ, Torsten: Von Birnbaum nach Międzychód – Bürgergesellschaft und Nationalitätenkampf in Großpolen bis zum Zweiten Weltkrieg (= Frankfurter Studien zur Wirtschafts- und Sozialgeschichte Ostmitteleuropas, Bd. 10), Berlin 2005.

NIPPERDEY, Thomas: Deutsche Geschichte 1866-1918, Bd. 2: Machtstaat vor der Demokratie, München 2013.

NOHLEN, Dieter: Wahlrecht und Parteiensystem, 7., überarb. u. akt. Aufl., Opladen, Toronto 2014.

PHILLIPS, Arthur: Die Reichstags-Wahlen von 1867 bis 1883 – Statistik der Wahlen zum Konstituierenden und Norddeutschen Reichstage, zum Zollparlament, sowie zu den fünf ersten Legislaturperioden des Deutschen Reichstages, Berlin 1883.

REIBEL, Carl-Wilhelm: Handbuch der Reichstagswahlen 1890-1918 – Bündnisse, Ergebnisse, Kandidaten (= Handbücher zur Geschichte des Parlamentarismus und der politischen Parteien, Bd. 15), 2 Hbbd., Düsseldorf 2007.

ROHE, Karl: Wahlen und Wählertraditionen in Deutschland – Kulturelle Grundlagen deutscher Parteien und Parteisysteme im 19. und 20. Jahrhundert, Frankfurt am Main 1992.

SCHEIL, Stefan: Die Entwicklung des politischen Antisemitismus in Deutschland zwischen 1881 und 1912 – Eine wahlgeschichtliche Untersuchung (= Beiträge zur Politischen Wissenschaft, Bd. 107), Berlin 1999.

SCHMIDT-RÖSLER, Andrea: Polen – Vom Mittelalter bis zur Gegenwart, Regensburg 1996.

STATISTISCHES REICHSAMT: Die Wahlen zur verfassunggebenden Deutschen Nationalversammlung am 19. Januar 1919 mit einer Karte der Wahlkreise und farbiger Darstellung der Zahl und Parteistellung der in jedem Wahlkreis gewählten Abgeordneten (= Vierteljahreshefte zur Statistik des Deutschen Reichs – 28. Jg., 1919, Erstes Ergänzungsheft), Berlin 1919.

DASS. (Hrsg.): Vierteljahreshefte zur Statistik des Deutschen Reichs, 28. Jg. 1919, Viertes Heft.

VOGT, Dietrich, mit einer Einführung von RHODE, Gotthold: Der Großpolnische Aufstand 1918/1919 – Bericht, Erinnerungen, Dokumente, Marburg/Lahn 1980.

WEISSBECKER, Manfred; WIRTH, Günther: Bayerische Volkspartei (BVP) 1918-1933, in: FRICKE, Dieter (Leiter des Autorenkollektivs); FRITSCH, Werner; GOTTWALD, Herbert; SCHMIDT, Siegfried; WEISSBEKKER, Manfred (Hrsg.): Lexikon zur Parteiengeschichte – Die bürgerlichen und kleinbürgerlichen Parteien und Verbände in Deutschland (1789-1945) in vier Bänden, Bd. 1: Alldeutscher Verband – Deutsche Liga für Menschenrechte, Leipzig 1983, S. 156-186.

WINKLER, Heinrich August: Weimar 1918-1933 – Die Geschichte der ersten deutschen Demokratie, durchgeseh. Aufl., München 1998.

b) Internetseiten

https://www.historisches-lexikon-bayerns.de/Lexikon/Bayerischer_Bauernbund_(BB),_1895-1933#Politisches_Selbstverst.C3.A4ndnis_und_programmatische_Ausrichtung

http://www.wahlen-in-deutschland.de/wrtw.htm